Vision

一些人物，

一些視野，

一些觀點，

與一個全新的遠景！

如此人生
林立青
賴小路◎攝影

身為邊緣勞動者，能有的選擇
真的不多，能預支就預支吧，
有啥能做就做吧，人生無奈，
但活著總還有些希望。

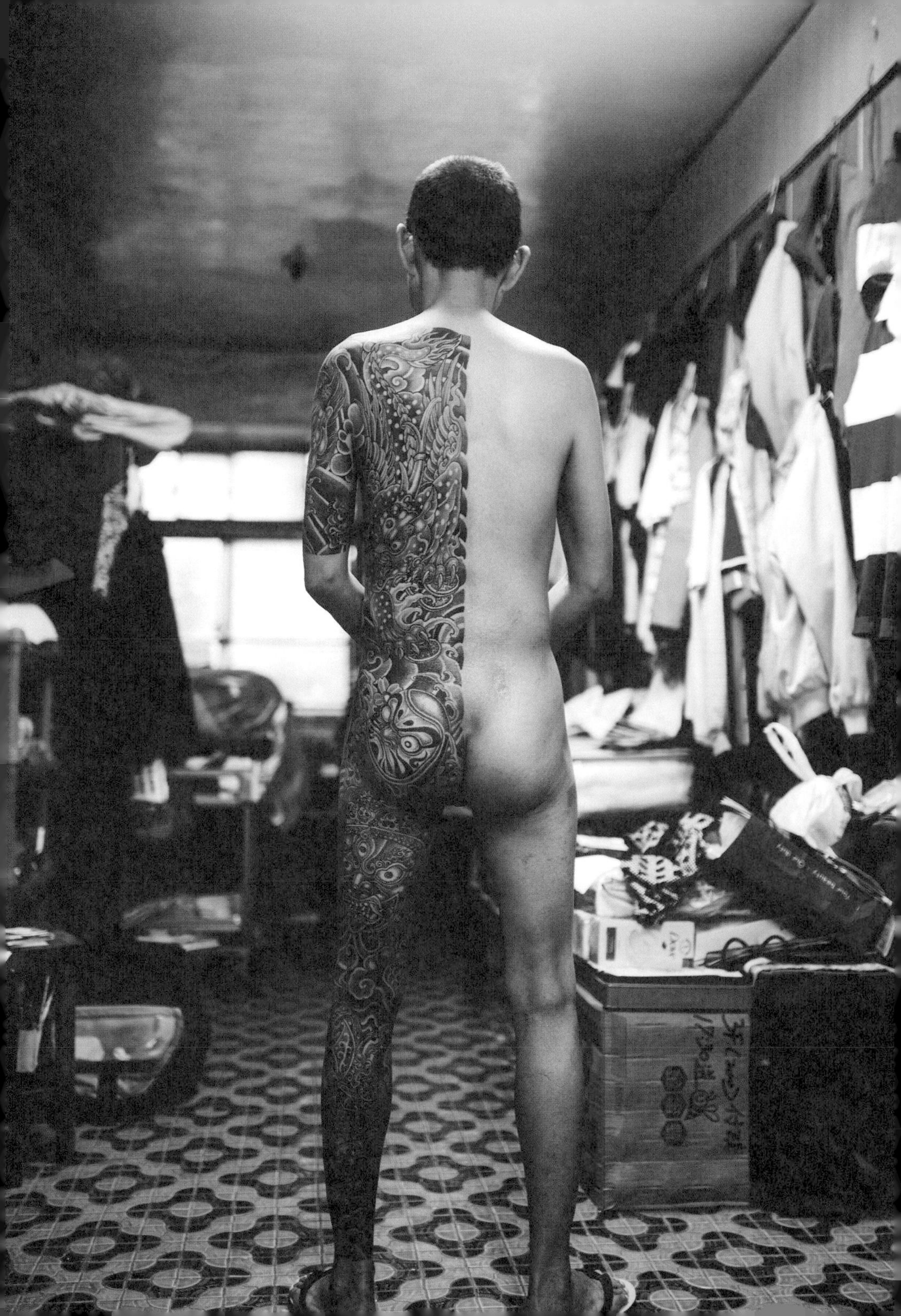

推薦序——

還原勞動者一個完整的人生

◎張烽益
（台灣勞動與社會政策研究協會執行長）

這本書猶如貼著地面的掃地機器人，探索到許多真實存在，但從未被書寫出來的勞動角落。

政策分析與擬訂，最需要的不是外國施政經驗的他山之石，也不是理性、精準的法規文字與架構，這些都是次要的技術層次。最最要緊的是對現實社會所發生問題的掌握，以及接下來關於制度性解決問題的鍥而不捨。所有的國家政策不外乎要解決社會問題與衝突，察覺人民之苦、生活之痛，才能進而引發制度改革的決心。

林立青的筆觸，猶如一個貼著地面的掃地機器人，探索到許多真實存在，但從未被書寫出來的勞動角落。他的筆所撩起的「勞工為何受到如此待遇？」的憤怒情緒，恰恰是制度改革者所需要燃燒的熱情來源。

從《做工的人》描寫營建工地圍牆內不為人知的勞動世界，林立青寫《如此人生》則隨著工地工人走出圍牆，進入他們所處社會的人生百態。不管是工地圍牆內或外，他所描寫的勞動者，不是朝九晚五在大型組織內的受雇上班族或勞工，大都是單打獨鬥的自營作業者，或是無固定薪資、高度依賴獎金抽成，而且還經常是遊走於法律邊緣，無法成為法定勞工保險保障範圍的工作者。

這些比勞動法上所定義的勞動派遣、部分工時或定期契約等「非典型勞工」，更加非典型、更加邊緣的工作者，更是無法受到既有的國家勞動法令的保障。無論是酒促小姐、按摩店小姐、八大行業的女性，還是洗路的水車工人，要進入追究雇主責任或相關勞動條件工資、工時或職災等相關勞動法律的保障，其實都有很高的難度。

對照《做工的人》，除了走出工地圍牆之外，林立青開始對他所接觸的勞動者做人生縱向的追溯、觀察，不再是橫向的工作切片式地採集，而開始進行勞動者是如何被形成、打造出來的深度挖掘，這在本書第三部分「慢性耗損」的八個故事當中，〈舉證〉、〈他們原本不會死〉這兩篇對移工遭遇的描寫可見到，筆觸逐漸拉高到對資方、國家、市場與法令的批判與控訴，也就是進入了深水區。

不過，我們當然不能過度地錯誤期待書的作者必須提出政策建議與法令解決之道，畢竟術業有專攻，人各有所長。他的敏銳觀察與文筆，已經帶領了許多人見識到他們長期以來視而未見、但卻普遍存在的，另一個既熟悉又陌生的勞動人生，展開了消除社會歧視、開啟同理心對待的第一步認知。如果《做工的人》開啟了你好奇的雙眼，看盡工地圍籬內的笑與淚，那麼《如此人生》將讓你沉思：勞動與生活的價值為何。

支撐勞動現場的氣力，不是靠維士比或保力達給你「存便便」，事實上，必須依賴家庭親友、同事、上下游廠商，甚至顧客所形成的社會網絡，方能維持。這些社會網絡必須在檳榔攤、小吃攤、芋圓店、卡拉ＯＫ、按摩店等場域的人際互動中，透過香菸、啤酒、藥酒與檳榔為媒介所形成。《如此人生》就是在訴說台灣本地特有的勞動者「生產／再生產」的社會網絡，這樣的描述，才是還原勞動者一個完整的人生，而不僅僅只是一具勞動生產機器。

這本書所揭露在層層外包的勞動體制下，形成的大量小自營作業者，就是一幕企業不斷脫逃雇主責任的戲碼；而不幸的是，台灣所自傲的國家競爭力就是這樣被堆砌起來的，這是將各種可能的職業風險，一再轉嫁到最末端的個別勞動者的身上。

其實，整個台灣都在賭：雇主賭勞動現場不會出事，勞動者賭勞動人生不會天降人禍，國家賭即使出事也不干我的事。這是一個賭徒的社會，既然人人都是賭徒，那麼如何麻醉可能發生風險的恐懼，以及所衍生的酒醉金迷，也就成了另一種末世的繁榮。

作為一個政策體制的倡議改革者，當然是沒有麻醉自己的權利。剖析本書中的蛛絲馬跡，尋找任何可能的法令制度性破口，嘗試提出漸進的改良之道，削減現實勞動者之困境於萬一，那絕對是一種苦中作樂的快感，也是閱讀這本書之後的救贖。

預支 希望

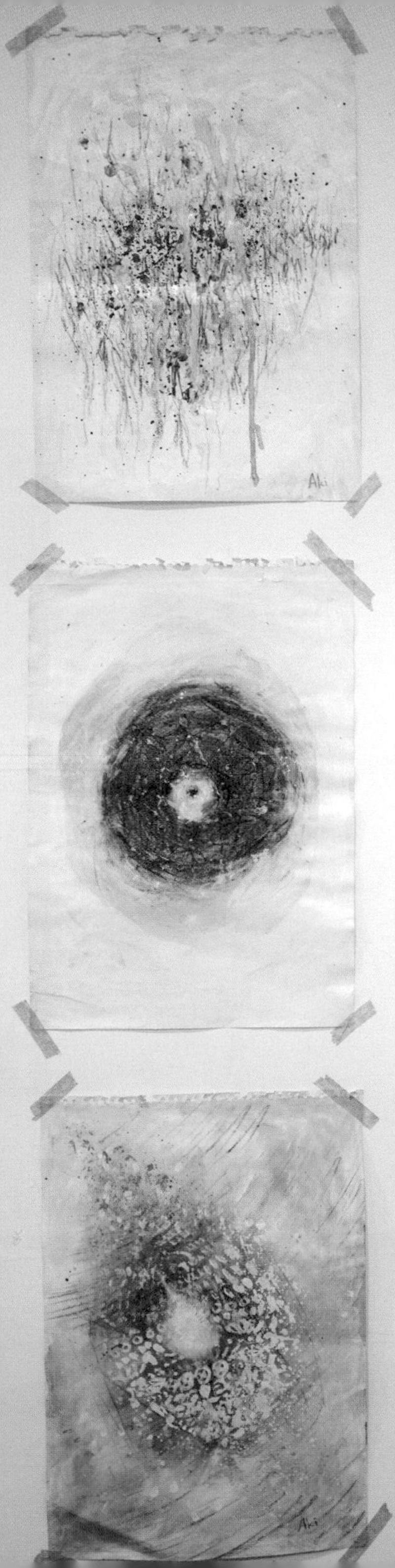

酒店經紀帶我到宿舍，牆上貼著女孩們的畫作。

推薦序——還原勞動者一個完整的人生◎張烽益 006

謀生之道

酒促小姐 034
八大女孩 042
姊妹們 055
愛天使貓舍 066

目錄

竹北手槍店 078
隱藏的米其林 085
藥酒文化 091

刻板印象

很棒的工人 102
認命 116
兄弟斷路 122
勿忘我 132
啦嘻的芋圓攤 137
賭徒 148
阿爸欵工夫 158
前途 169
路邊的陰德 183
口琴的聲音 192
他在家 206

慢性耗損

夜間施工 218

度餘生 236

舉證 246

工之傷 256

告誡 268

人窮命賤 279

鬼故事 290

他們原本不會死 299

後記——**如此人生** 308

目錄

我們還能有純然的正義嗎？

TILL ANTLERS
Efforts to forge

現實的歧視赤裸而明顯，社會在塑造女性的美德樣貌時，對於無力選擇的人也是一種壓迫。她們只能讓自己堅強。

唯有美食，不分階級。

小店、食攤，沒有排場，客人們可以大方、輕鬆、隨意又簡單地享用和交流。地點、外觀，毫不起眼，店老闆只是靜靜地，數十年如一日烹煮同樣的食物。美食讓人暫忘勞苦。

社會是殘酷的，無論對於年長或年幼者，這社會給予弱勢者的機會愈來愈少。掌握資源的人所做的永遠是把資源掌握得更牢。

機會渺茫

「學歷並不是唯一能讓你被看見並且認證的管道，更重要的是你的應對、能力和經驗。」這麼說著，我卻有點心虛，因為我很清楚，社會上大多數人並不理解這樣的說法。

À bientôt
黑松沙士

クーポン付き
Coupon
Clover
あなたの四つ葉のクローバーを見つけに来ませんか
きっとあなたを幸せな安らぎの空間へ!
皆様のご来店をお待ちしております。
NEW FACE
NEW FACE
NEW FACE
NEW FACE
NEW FACE

社會制度不保障，大眾眼光拿她們開刀，整個社會喜愛消費女性的青春肉體，卻又指責以此為生的人。

任何人都是靠著自己的天賦能力，或外貌、身材，或者體力、耐力，又或是聰明才智、口才、觀察力等，在社會上謀生，只是由於大眾接觸的深淺、社會對於不同職業的保障與關注，而有不同差異。自身的長處，又為什麼不能作為謀生與改善生活的方式？

謀生之道

酒促小姐

那女孩的胸部墊出了乳溝，不自然地在旁推銷啤酒，酒客來來往往，女孩低身說著：「試試青島啤酒好嗎？」那桌全是男人，只喊著：「妹妹要不要陪喝？」女孩尷尬地推了兩句，在開瓶之後，微微舉起酒杯，啜飲一口後低了頭，幾個男人繼續起鬨，最後她滿杯一飲而盡。

一陣笑聲後，那桌男人終於將她的啤酒端上桌，在滿滿的台灣啤酒罐中，終於有了她身上那件緊身衣服品牌的一席之地。我知道這不會是第一杯，更不會是她今天在海產攤的最後一杯。

她是酒促小姐。

據我的了解，多年來，這些出沒在海產店的女孩待遇只有愈來愈差，二〇〇〇年時尚有勞保，在二〇〇九年以後已不復存在。做過這行的女孩自嘲：領的時薪也和她們的姿色一樣愈來愈低。

二〇〇〇年前後的酒促小姐是全新行業，沒人想過有這樣的桌邊服務，從夜店、BAR到海產店都有，她們以年輕的聲音推銷各式酒類。我所在的環境所能接觸的只有海產攤內的啤酒小姐，她感嘆在二〇〇〇年時，每小時有三百五十元，現在的酒促時薪只剩兩百元，過去有兼職人員的勞保，現在則是一無所有，連正職人力也算不上。

那些衣服和鞋子統統不適合女性活動。緊身上衣只能靠胸墊撐起，材質低劣，總在脫下時呈現大量的箍痕；有些衣服的設計沒有肩帶，甚至根本無法穿胸罩，乳頭周圍可能因摩擦而腫脹。夏季時，胸墊遇流汗易引起皮膚過敏，胸乳下緣則可能長濕疹。海產攤到了冬天賣起鍋物，這些女孩有時分到公司制服能有背心穿，但更多的是依舊如同賽車女郎般的衣物，加上墊高的鞋跟、秀出半截大腿的短裙，全部都是在限制這些女孩拿酒、開酒時的活動範圍。這樣的設計讓女孩「端莊」而「有氣質」，畢竟沒

有人在意她們回家時微微外彎的腳趾，也沒人聽見她們在被窩中因腳底板抽筋的啜泣，那像是血痕一樣，脫下衣物的痕跡。

這些女孩的身分是尷尬的。帶有老婆、孩子的男人少喝，雖說這樣的客人容易服務，但可能整晚僅有一罐而已。都是男人的桌上會喝也愛喝，卻容易因為都是男人，見到一個女孩舉酒推銷，便直接吆喝起來，將餐廳當作酒店般催促開酒、陪酒。

所有的酒促小姐都被公司明定：不可喝酒，不可坐下陪吃。這原先是用來保護女孩，但喝酒的男人喜愛誇耀，更喜愛突破禁忌，當眾要求小姐陪喝是免不了的，有時藉此要脅店家——我不只一次看見滿桌的男人要店家絕不可當「抓耙仔」，接著要求小姐敬酒助興。若這時候店家有足以圓場的人也就算了，更多時候，只能看在客人生意的分上唯唯諾諾。

於是一杯、一杯，再一杯。

●

不景氣的時候，這些女孩是不會有額外福利的。有時喝了酒只能搭乘計程車，這些開支可能就吃下一小時以上的薪水。但既然公司不准喝酒，又怎麼可能報銷呢？

公司排出的班表不只一家店。所有和姿色有關的工作都有一個道理，那就是：男人喜新厭舊，就連倒酒的也不例外。酒商會換班，但不會讓你在同一區域換班，通常以九點作為換檔時間，有些酒商要人從中和騎到景美，或是自新店趕到萬華。這在天氣尚好的季節尚可，若遇天雨或寒流，則只能自求多福，酒商寧可請來明星代言、送上人形看板，也不可能補貼這些女孩的計程車資。我也看過酒商送上那些明星代言立牌，卻是由女孩負責組合、整理和收納。

店家對這些女孩的對待也各有不同。好的店家把女孩兒當作自己人般保護、照顧，但總有些老闆連自己的員工都不善加照顧了，遑論這些臨時人力。

醉倒的女孩曾經對我哭訴店家整天惡意欺負：若她敬了酒營造氣氛，店老闆就責怪她違反公司規定；若她不敬酒，掃了酒客的興，老闆又會向酒商投訴她態度惡劣。有些店家將酒促小姐當作免費人力使用，又要她整理冰櫃，又讓她協助點菜，當酒客上單時卻盡是推薦雜牌高粱，到頭來，小姐空站一日，還可能達不到當日業績。

這些女孩若是全班，整日下來約有千元，剩的就看業績獎金，這也是真正痛苦的來源。這些女孩既然是賣酒的，就自然有人認為是陪酒的，只是在公眾場合，畢竟還是多了些保障，但也只是些微的保障——一旦無法勸進酒品，很可能整個晚上對店家、酒客以及公司都無法交代，又有誰能在這樣的多角關係中久待呢？我所遇過的酒促小姐，有些乾脆轉為酒店小姐，有些則是早早離開這個環境，不再以酒促為業。

這些女孩告訴我，當業績催得緊的時候，有時看著酒客當面拿起其他廠牌的啤酒，只因為自己不肯陪喝，那無奈和無力感油然而生。又有時，必須拚業績，但明知開瓶的客人將會酒駕，這種種場景令人無奈，卻只能繼續陪笑推銷：一瓶，一瓶，再一瓶。

賣酒的人在夜間服務起其他人，不乏我這類型做工的，這些酒促小姐也說，若是到大型一點、好一點的地方，店家就不再毛手毛腳，或者在制度完整些的公司，酒促小姐一樣可以安全無虞，就只是推銷而已。

等多年以後，我帶著曾經從事酒促的女孩前往釣蝦場，原先感覺釣蝦無聊的她居然因為看到另一個酒促小姐而激動起來，一口氣跟她上了一手燕京啤酒，和另一名更為年輕的酒促討論起推銷心法。我不會釣蝦，技術一向很差，便聽著兩個女孩討論，這才驚覺連釣蝦場都開始有了酒促小姐，她們在一圈池子的周圍推銷，推銷那鮮少人所知的啤酒。

兩個女孩研究起各種方法，我吃蝦，喝酒。

只有她們知道這酒有多難銷，也只有她們能相互在小圈圈裡討論，我只是一個記錄而已。

八大女孩

我在酒店裡和女孩聊天，身旁的小蔡已爛醉，倒在沙發上昏沉著說要休息一下。他其實是個好人，相較於其他驗收單位的公務員，他不菸、不酒、不賭、不嫖也不收紅包回扣，已經難得，這次前往酒店純粹是為了開開眼界，這也是我們每天在他面前瞎扯酒店經驗的結果。

我第一次上酒店是在當兵前，那時的工地朋友們勸說著真知灼見的名言：「當兵要麼有關係、後台硬，否則會抽菸、會喝酒、會賭、會嫖、會上酒店，絕對是好事。」當時不懂，等我當兵後，一切都懂了，一群年輕的成年男子過著高壓的單調生活，最好吹噓的就是對待女人的態度或經驗。在基層勞動環境中，沒結婚的男人自然能理所當然地上酒店並且召妓，不只工地如此，軍旅生活更是如此，吹噓自己玩過多少女人確實是一件值得洋洋得意的事。人與人相處時最怕沒有話題，但興趣要找到同好實在困難，訴諸人性的原始本能就成為最安全的方式。

●

身旁的小姐問起我們還要待多久，我說把最後這一個小時過完，她們要唱、要跳、要休息都無所謂，我再喝下去可能也不行了。倒下去的小蔡悠悠清醒了一下，上完廁所後，又回過頭來抱著婷婷，問今晚能不能陪他。婷婷笑著把小蔡的頭埋在她胸前，說：「我這不就在陪你嗎？」兩人笑了起來。小蔡繼續撒嬌，婷婷繼續裝傻，從小蔡失戀以後，我沒有見他這麼開心過。

一群男人在高壓環境下，什麼都可能引發爭執：討論起學校出身可能變成嗆聲，說起名車、名錶如同炫富，到PUB開包廂，無疑等著被說是富二代。只有吹噓自己對女人的手段或是上酒店、應召站的性能力和魅力，使人無從查證。這種話題適合群聚的男人互相交流，畢竟吹不破的牛皮人人愛聽。

水蜜桃
UT
南無阿彌陀

Oshare
オシャレ
BAR 1000
KA VA LAN
Bar
鮮燒烤・活蝦料理

這不只在軍中有用，當我到了工地現場，發現這一點依舊實用無比。工地現場的人們對於上酒店的看法和一般社會不同。在女性占多數的工作環境下，討論起酒店的話題，幾乎只能描述景氣不好的無奈，但以男性為主的環境，則將酒店內的從業人員當作商品或是獵物。然而，不管哪一種方式，都無助於真正了解這些女孩們的生活和心聲，而多是道聽塗說。

所以我帶小蔡來，他不是我第一個想上酒店的朋友，甚至他同事早就說要帶他開開眼界。但許多人上過一次酒店就會因為高昂的消費而止步，並非我們不愛聊天、喝酒的模式，而是真的消費不起。十年來，酒店收費未曾增加，景氣卻愈來愈差，上一趟酒店的開銷是整整一星期的生活費，我們兩人這次待三個小時的消費約略是一萬二，對於上班族來說不可能天天報到。這也成為我後來評斷吹噓經驗的方法：一個三十歲上下的工程師，很難負擔得起每個月都上酒店的開銷。

●

小蝶又為我倒滿了酒。

今天來的酒店算得上是正派經營，小蔡沒有要脫女生的衣服，他想的是哪裡有漂亮而可以談話的女生，這讓我想到第一次上酒店時，領頭的公司協理——他誇耀著酒店的各種型態，對著剛畢業的我吹噓自己的能力，胡言亂語地說：「要什麼樣的女生，等一下你自己挑！」

我感嘆地想起那時候聽他說各種行話時，我好像發現了新大陸一樣地專注。「小林，等等副總廖姊會傳簡訊給你，這要一起看，『秀舞』就是脫衣服在你身上跳舞，『不回穿』就是女生脫到剩下內褲，陪你到結束。你要什麼服務，都可以先告訴廖姊。」當時我對於「副總」等頭銜感到炫目，想著似乎是很大很大的職位，後來才知道這些副總經理都只是小姐口中的「幹部」。幹部的工作是帶人進入酒店，埋單或簽帳也必須靠他們處理，換句話說，就像是酒店裡負責招攬生意的業務員，靠著穩定的優質客源，提升自己的地位。

真正和酒店小姐有關的還是店家和經紀。店家的環境與營業風格決定了這家店的定調。有些店家致力於鼓吹小姐「敢玩敢脫」或是「出場賺外快，大家都好」；另一些則是對於小姐尊重，風格保守許多。這些店家各有手腕，酒客也各有所好。

小姐們對於每一家店的風評傳得飛快，畢竟在等待上場的時間總要找點事做。除了聊八卦或交換情報，過去有些酒店會在休息室內放上漫畫和電視，現在則是各式充電器，大家在沒有坐檯的時候，依舊「輪班」排隊充電，玩起手遊或是追劇。

我們工程師聊到酒店話題時，少數人以終身不去當作個人原則，理由像是：「我很愛我老婆。」而多數人都去過，極少的人才是一有空就去。

真正去酒店談生意的不會是我們這些工地的人，像我到酒店時，喜歡跟小姐和經紀人閒聊，他們告訴我，談生意的還是以商人居多。他們遇過最好的客人大多是酒商，一來穩定，二來是應酬，三來不會鬧事。

小姐、經紀人和少爺們最喜歡的話題是討論奧客，在酒店時若是氣氛尷尬，不妨直接問起小姐：「你遇過什麼樣的奧客？」每個小姐都能細數奧客的各種噁心行為，有鹹豬手的、發酒瘋起酒空的、吹噓個沒完的……再細問下去，各種男性的奇特樣貌愈來愈立體起來：有的男人一坐下來就要嘴對嘴地親親和摸胸部，有的酒才喝兩、三杯便只想要女生陪出場，更有人醉後誇口自己有錢到一〇一大樓是他蓋的。相較於男人在酒店外的吹噓，酒店裡的這些女孩觀看男性的方式更為直接、具體。

任何人都是靠著自己的天賦能力，或外貌、身材，或者體力、耐力，又或是聰明才智、口才、觀察力等，在社會上謀生，只是由於大眾接觸的深淺，以及社會對於不同職業的保障與關注而有不同差異。這些女孩在身上裝扮打點，在工作時陪伴同樂，服務倒酒，又和其他職業有何不同？清白的遺產沒有不拿的道理，自身的長處又為什麼不能作為謀生以及改善生活的方式？如果陪伴不重要，那養生村在熱鬧什麼？而為了工作去忍耐顧客的情緒，不正是所有服務業都面臨的問題？何況我們的社會鼓勵妝點外貌，政治人物及企業家的儀容還有專人打點。我找不到貶低這些女孩職業服務的任何理由。

這些女孩通常自稱為「八大」，和任何職業一樣，她們自有一套聯絡的網路系統及資訊交換天地，在專屬的網路留言板上討論哪家店有什麼獨特的新制度，或者會佛心地保護小姐，或惡意地低價競爭等，除了服務的內容以外，和我的工作職場沒有兩樣，都屬於不受社會制度所保障的一群，自然也不愛政府。

因此，每當我到這裡都備感親切，或許是因為與她們一起罵官、罵警、罵政府時的經驗相符。統治階級總是拿弱者開刀，酒店小姐們是不受憐憫的，所謂掃黃臨檢成為另一種對她們的壓迫，警察臨檢的各種業績也都往無法抵抗的人去湊數。在社會制度不保障的狀況下，這些女孩對於星象、命理特別有感，畢竟現實的歧視赤裸而明顯，無論她們行善積德或是捐款助人。整個社會喜愛消費女性的青春肉體，卻又指責以此為生的人。

台灣人笑貧又笑娼，笑貧就可以不去面對社會不公，笑娼就可以無視於結構壓迫。

●

這些「八大」女孩來這裡工作，當然是為了錢。但又有誰的工作不需要考慮收支呢？

小蝶之前在火鍋店工作，每個月休五天，只賺三萬元，私立科大畢業的她到台北生活，結果是慢慢刷爆了信用卡。她說：「我來這裡就是想還錢，四個月的時間，我還了銀行十五萬。一年後，我想把助學貸款還完。」

婷婷則是來去幾次，她說：「酒店的收入其實也沒有我想像中的高，只是在外面工作更難……」她頭一次進來也是因為卡債，原本以為換工作可以改善生活，結果遇上慣性欠薪的惡老闆，欠了兩、三個月的工資，又回過頭來說她們能力不足。她曾經存了二十萬元，便轉而去擺個賣手工包包的小攤位，四個月後就因生意不佳而無法繼續下去，那是她第二次回來。這次她是因為想搬家，前後思量著該怎麼辦，選擇了回來。

「如果尺度大一點，每個月確實可以賺超過十五萬。」兩個女孩都這麼告訴我。但她們的收入約略在七萬元至九萬元之間，能夠在台北生活、還債，並且都養了貓或狗作伴。

我不只一次聽到這樣的故事，愈聽愈發現社會是殘酷的，無論對於年長或年幼者，這社會給予弱勢者的機會愈來愈少。掌握資源的人所做的永遠是把資源掌握得更牢。如果這些女孩的收入好，那或許她們能有更多選擇，但她們並非名校畢業，媒體的鎂光燈也都只專注於這個群體的謠傳與八卦上，如同男人們在軍營內的吹噓一般，只是讓她們更不被理解。

我們不該強求受歧視的族群直接面對社會壓力。總有人以各種誇大或極端的案例，來強化關於酒店的各種「刻板印象」：有人上酒店玩到傾家蕩產，有人在這裡吸毒、打架，有黑道控制這些店家……至於「快錢賺久了，人會完蛋」的說法，則是刻板印象的另一個面向。社會先是邊緣化這些群體，強加上道德的框架後，再來責備選擇加入

語：「給想賺錢的你」、「夢想與未來，就靠這兩年」……彷彿酒店可以改善你一切的問題。加上匿名網路盡可以對於女性羞辱或是攻訐，舉出幾種誇張的樣態來抹黑。我們的網路看不到真正有意義的去汙名化，或者為她們組織工會的支持。歷史與文化在塑造女性的美德樣貌時，無疑地，對於無力選擇的人也是一種壓迫。

匿名的網路一樣好不到哪裡去。有大量的酒店公關經紀在網路上寫了各種招徠罐頭

的人。然而，無論是出於無奈或自願的，又有誰應該被如此的道德強壓？

●

那天晚上結束後，我再也沒有去過那家酒店，也沒了婷婷和小蝶的消息，可能我連名字也記錯了。我只記得那晚離別時，空氣特別冷，冷到讓人想著如果能一直待在裡面有多好。

歡場如果可以讓人忘卻現實便已經足夠，又何必強要八大女孩承擔其他責任？

姊妹們

我踏進酒店時，注意到接待我的筠筠手上拿著威廉．高汀的小說《蒼蠅王》，她對我強推說這是她家裡最好看的書，她還大力推薦給店裡的姊妹們讀。聽筠筠講得神采飛揚，我也只能含蓄地回應：「但是這種黑色寓言的內容，好像不大適合拿來酒店談……」

旁邊的小姐們正在整理包廂，再過半小時，她們要上日文課。這樣的課程讓小姐們晚一點能和客人有話題聊，大家一起上課還有另一個好處，晚上酒客就算換了不同的小姐，同樣的話題仍然可以繼續聊下去。

儘管年輕，但這裡的女孩在應對上頗為成熟，從我入店後，無論是店長或其他的小姐

們，對我都端莊、有禮地接待。

過去，我是踏不進來的，這種地方相傳是開給日本人來台時光顧。早期有大量日商幹部駐在台灣，形成了這裡的獨特酒店生態，日商系統的營造公司技師在夜間前來，多半只是到此喝酒，獨自離去，少數時候則帶著一、兩個朋友一起來，在此吐露怨氣或者放鬆談話。

這些日式酒店現在逐漸沒落了，但也因為沒落，反倒有另一番風格：典雅、有氣質的裝潢，細膩且經過

設計的招牌以及大門。這裡其實沒有眾人所想的大包廂、大麥克風，取而代之的是吧檯與簡單的茶點，幾片水果、餅乾，就要想辦法讓來客留下。筠筠說：「在這裡工作，你得知道如何展現自己的魅力。每個人的魅力都不一樣，要有辦法讓男人看著你。」

吧檯上擺了一疊以日文印製的台灣娛樂旅遊導覽書，內頁刊登各個店家的簡介、地圖等，裡面就有這家店內小姐的照片，兩位女主人站在中間。她們的照片都沒有太多的修圖，只見她們眼神堅定地看著鏡頭，似乎在說：「你看，我們很美吧！」從照片看起來確實嫵媚，眼神微微低垂，配上微張的紅唇，她們確實很美，那是「喜歡這樣的自己」的結果。

兩個老闆娘告訴我，前來應聘的小姐如果有兩個特質最好：一是魅力、氣質過人，能夠應付各種來客；第二就是有能力與人同情共感，客人哀傷時，她跟著哀傷，客人歡喜時，她一同雀躍。老闆娘這麼形容：「他一秒開趴，你就得跟著哈哈大笑。還有，若他要你聽他說話，那你的眼睛就得盯著他，盯眼睛、鼻子、嘴巴或耳朵都可以，總之，就是盯著他的臉。」

聊著聊著，話題來到了「奧客」，一位叫瑞希的小姐氣憤地說起有個酒客在醉倒以後與她互毆。她至今仍舊生氣的並非客人酒後失態，而是原本他說要親自前來道歉，隔天來了以後卻裝作沒事一般，還私下要人傳話給她：「我和日本經理們關係很好，惹我的話，就讓你在酒店業混不下去。」但是她的兩個老闆也不是吃素的，這種不把人當人看的低級威脅當然沒效，只是她止不了氣憤。她說：「我們希望讓客人來了以後覺得時間過得很快，很開心，但並不希望客人是來羞辱人的。你可以不要來，不要理我們，但你為什麼要羞辱我們。」

我無言以對。

曾有幾個在酒店工作的女孩讀了《做工的人》之後，與我聯繫，一方面高興我描述陪酒小姐、性工作者等的不同面相，但另一方面反映，我只寫出私娼、新住民和身障者從事相關八大工作，也應該來寫做這行的年輕女性——主流社會總是帶著獨特的有色眼光看她們，卻忽略了這些年輕女孩在自己工作場域的敬業態度與服務表現。大多數人對於這樣的環境並不理解，除了鮮少接觸之外，也因為大眾的價值觀依舊保守，社會階級的劃分鮮明。

有位私娼告訴我，若非過去帶她入行的大姊罹癌，她絕不至於生活出現問題，言談間對於那位大姊盡是緬懷，如同自己親生的母姊一般。而在這裡，我看到同樣的場景：女年長的女性正用自己的方式，教導年輕女孩脫離貧困。透過較高時薪的工作內容，女孩有機會實踐財務自主。同時，這些姊姊們也是經驗的分享者。

筠筠是我的朋友，身為酒店經紀人，她希望能夠讓人們理解真正的酒店文化，每天在臉書上寫著小姐們的各種趣事。她也鼓勵同事們進修，聽說店裡有個妹妹想要重新讀書去考高中，認真盤算著該怎麼幫忙。

「做八大不可以不長進啊！她現在還年輕，但不努力的話，將來會很糟的……」她語重心長地說。

高職畢業以後，筠筠便進入八大行業，認識了各種前輩，在她看來，沒有繼續升學，反而可以趁早學習到更穩重的處事原則與應對進退方式。然而，儘管自己厭惡升學主義，她依舊想破頭地幫想念高中的年輕女孩找學校念。這個妹妹是因為被同學排擠而從學校中輟來這裡工作，現在想離開這行，繼續回去上學，同時又需要存錢，於是向筠筠求助。

不只筠筠想幫忙，其他姊妹們也七嘴八舌地討論起各種進修學校，幫女孩想著有哪些可利用的管道。

我在一旁想的是：如果我們不經思索便盡信對於這個環境的誤解，甚至一竿子打翻所有從業者的認真和努力，那這些店家所提供的工作機會，以及這些姊妹們在這裡所培養的情誼，又該如何評價？舊有的傳統觀念究竟是給了穩定傳統人際關係的標竿方

向？還是造成了社會的偏見以及歧視，反倒阻礙了原本有機會翻轉階級的少數管道？

我們繼續討論著台北的各種補校，聊到有些補校標榜校風自由，只上半天課，但這樣好不好則見仁見智。我倒是建議妹妹可以考慮這樣的學校，告訴她：「學歷並不是唯一能讓你被看見並且認證的管道，更重要的是你的應對、能力和經驗。」

說到這裡，我自己卻有點心虛起來。我的確是這樣認為並且深信著，但我也很清楚，社會上大多數人並不理解這樣的說法。

●

酒店也有分等級，但不管是哪一等，像我這樣的勞工階級根本不可能輕易進門，台北市大多數的酒店消費兩小時下來，每人得花上五千至一萬，對我們是不小的經濟負擔。即使各付各的，我一個月的薪水都負擔不起上一個星期的酒店。我們通常跟著師傅們去簡單的「小吃部」，每人兩千元，還可能有特別服務。

我會上酒店，大多數時候是跟著經理、主管一起，或是他們要我領人去，目的是讓驗收順利，或者在工程搞到大家抓狂時慰勞一番，這種場合，我只是陪喝而已。

常常在驗收過後、領到工程款以前，我們會帶著業主前往酒店，當作「酬謝」。所有公司都希望管理者與付錢的業主能夠保持良好關係，這是重要的評核指標：無論管撥放工程款的人喜歡什麼，你都應該配合；一個願意為你上簽呈的公務員，絕對值得你花上把萬元招待去溫柔鄉——願意和你一起去吃喝、找樂子的公僕，比鐵面無私並找麻煩的公務員好。

有時我們跟著去，坐在旁邊聽經理、老闆們彷彿不經意地提到「工程管理靠關係」，還要私下拿起手機問領檯姊姊，能不能讓長官們帶看上眼的小姐出場。

說到此，我一樣是順應社會的既有印象行事，畢竟從事工程現場工作多年以來，總有些話題百聊不膩，「酒店」就是其中之一。有錢的廠商、工頭們吹噓著各種經驗：「那妹子一看到我就甲意。」伴隨著旁人穿鑿附會的臆測，或是將聽來的故事混雜升級成為各種「更新版」。

在以男性為主的工程現場，男人與男人聊什麼都容易意見不同，甚至起紛爭，為了避免不必要的衝突，彼此之間有一套獨特的應對默契：如果是為了要拉近距離、表示同

理或交個朋友，那對話寧可俗氣，也最好不要自以為高雅。不過，到了酒店裡，大家倒是表現得高雅許多，儘管男人來這裡時總是消費，很少有人去問過他們的感受。

我要離開時，那個妹妹已經梳妝打扮完畢，深邃的眼神、立體的五官，梳妝後的她有一種獨特的氣質，經過適當打扮，不管任何人都會多看一眼，受她髮上的配飾，以及眉、睫之間的金色亮點吸引。

「很美對不對？」她問我，接著自信滿滿地走入包廂，準備今天晚上的課程，以及再晚一點要開始的工作。

隔天早上，我整理了一份要給筠筠的書單，推薦給她一些流行的或有意義的書和電影，讓她與姊妹們分享。同時我也想到了筠筠口中的「妹妹」，想著有什麼學校能夠接受她，讓有心要念書的她順利復學。

每天，我仍繼續追蹤筠筠的臉書。希望她們都好好的。

愛天使貓舍

我對小愛的了解並不多，但她的故事讓我聽了忘不了。

第一次見面時，她聽說我是監工，便聊起她的媽媽在工地跟著兄長做泥作小工。母親向她和妹妹提過幾種版本的父親，但她只知道父親自從承包工程欠債後，就再也沒有回家。

讀二專時，她開始在通訊行打工，畢業時的薪水兩萬六，扣掉每個月固定給母親一萬元，生活、朋友交際的各種開銷讓她壓力日增，只好和男友輪流刷信用卡及現金卡分攤。她對男友死心塌地，也順利熬過了男友當兵，反倒是由於兩人都沒有存款，男友退伍後，現金卡刷爆了，認為都是小愛不會持家。兩人在分手時互相責備的所有話都難聽又傷人，小愛認為都是因為自己沒有錢，不過沒了男人的未來，也就沒了壓力。

她是在二十六歲時走入八大，當時的景氣還好，人們都說，苦日子終究會過去。當年去酒店時，恰好紅衫軍上街頭，她還和姊妹們前去凱達格蘭大道聲援，稱自己是「五木路八大」。那是小愛的政治啟蒙，她想著不管藍綠，以後的台灣一定要更好。等檯的時候，她則想著未來。當時幾個好姊妹一起討論著如何存錢，其中有兩個姊妹說要開店，隔天便學起拼布及手機包膜。每天到了酒店後，她也跟著在休息室裡以一顆一顆水鑽黏上手機，拼出夢想。

那時候酒客花的檯錢一小時一千七百元，坐檯的小姐則以十分鐘計，每十分鐘可以領到一百五，時薪近千元的工作不算差。她把現金卡的債務還光後，沒想太多就咬牙買下一間電梯公寓，立刻帶母親和妹妹搬離了那間四樓加蓋的小套房。

第一家酒店，小愛只待了半年，換去第二家後，每一節從一百五漲到一百七十元，加薪靠自己，她也不再那麼在乎外界的眼光，反而有了另一種自由。在酒店工作兩年，除了還清卡債和二專的學貸、買了房子，相機裡也多了她帶媽媽去泰國玩的合照，當時母女倆看著大象表演，開心地笑著說：「原來大象也愛鈔票！」

姊妹真的開了手機行，主打美女服務，小愛她們都是股東。有一段時間生意還算不錯，沒想到遇上金融風暴。

那段時期，陪伴小愛的是一隻叫「天使」的貓。姊妹有一天去手機行開店時，發現後方巷口有聲息——幾隻未開眼的小貓喵喵叫！那幾隻小貓被帶進店內，大家討論後便各自帶走，小愛選了一隻純白的，取名為「天使」。

金融海嘯之後，隔年的消費券雖然讓日子比較沒那麼難過，酒店卻少有生意上門，接二連三地倒閉，為了求生存，店家要麼更加大膽，否則就是更加單純，也不保障小姐們的檯數。但她們本來就比其他女孩堅強，一方面在通訊行排班兼差，一方面各自努力，小愛為每個人的手機都拼上了白貓水晶。她說，那時她感覺自己倦了，兩年的酒

店生活讓她覺得單調乏味，還有兩、三次因宿醉而無法到手機行開店。

她決定轉做護膚油壓。

通訊行的生意愈來愈差，但她們還撐著。油壓店的客人每次消費兩千三百元，小姐實拿一千二，剩的歸店家和總機。如此兼差，小愛每月也能夠掙個四、五萬元，每週八小時輪三次班，賺的反倒比在通訊行拿得多。

她們的小店後來是因為二房東跑路而收起來。小愛說她其實沒有賺到錢，大家都是股東，扣掉租金、開銷後，所剩無幾。那家手機店唯一帶給小愛的收穫是「天使」。

●

在油壓店工作一段時間後，小愛交了男友，是一名年輕警察。幾次約會後，她才知道原來年輕警察是八大消費的大宗，他們忙著輪班，休假不定，沒有時間交女友。

男友說，他喜歡小愛大方對她笑的樣子，轉而則抱怨父母催婚，但是他對介紹的對象一點也不熟。小愛聽著聽著，覺得喜歡上他了——她喜歡這個男孩的單純和善良，店內沒有的服務，全到他家給他。她想著自己終於也可以選擇伴侶和家庭了。

如今提到這一段，她卻這樣感慨：「和警察交往一點也不好，像一隻老鼠被貓逗。」

在小愛的手機裡，男友的暱稱是「天使」，他警帽上的鴿子就像天使。只不過整段戀情，她的「天使」警察都在教她說謊，一下子要她：「跟我媽說你在醫美診所上班就好。」一下子則是：「你就說你只想當家庭主婦。」結果他們只交往了半年，因為老人家去做了婚前徵信。如果是在男友的租屋處發現她在酒店上班的紀錄也就罷了，偏偏老人家花錢買來的證據是：網路上關於「美女通訊行」的討論熱烈，便憑幾張低胸清涼照認定她不是正經人，要兒子去和國中女老師相親。

這場戀情是悲劇，但沒有結尾，警察再也沒有打電話給她。「婊子有情，警察沒種！」小愛說。

她又回去酒店上班了，失戀剛好可以喝酒，玩得更瘋、更狂——直到有一天，她在旅

館裡醒來，什麼都不記得了，只有前一晚讓客人帶出場的印象。她望著桌上的安非他命和K他命，呆了半天，回家後先是驗孕，接著猜疑自己是不是被拍了裸照……恐懼讓她驚醒，她在家裡抱著愛貓「天使」哭了一夜，決定戒酒。

這時候的小愛三十一歲，看了看各家通訊行的待遇後，只能嘆氣。不景氣的狀況愈發嚴重，加上各式的「小吃部」興起，以自由行為入境管道，中國以及東南亞的性工作者削價競爭，小愛這樣的小姐，要保持價格，只能更往都市集中。小愛想：自己從小喜歡化妝，又習慣性感打扮，不如就去學做新娘祕書或是賣情趣用品好了。只是正在想時，母親開始消瘦了……

最先發現的是舅舅，要小愛的媽媽去做檢查，但她沒去，等到整個人真的不行的時候，他們才發現是癌症。小愛和妹妹開始陪著媽媽跑醫院，而看病最大的壓力在

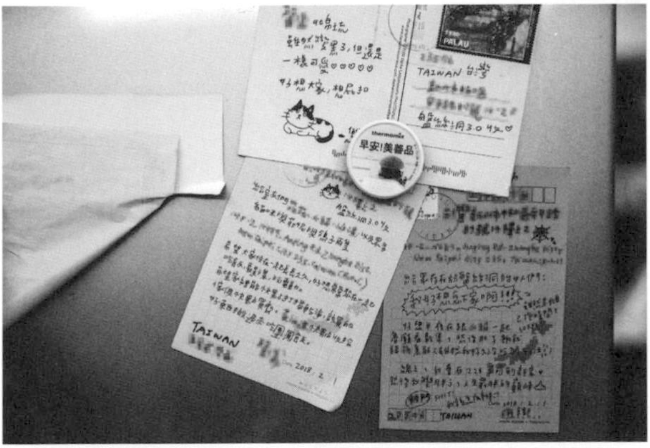
PALAU
TAIWAN 台灣
thermomix
早安!美善品
TAIWAN

於母親沒了收入，陪伴的小愛也沒了。母親出院後，小愛決定白天在家休息，晚上有妹妹在家陪媽媽，她則去當「鳳姊」。

「樓鳳」的生活就是在房內等來客進行性交易，一個房間同時只有一個小姐，隱密性和安全性由提供樓的老闆決定。老闆總說這一行景氣不好，小姐難搞，在二〇〇九年以前，每次三千兩百元，其中小姐實拿兩千；金融海嘯後，每次收費降為三千元，小姐一樣實拿兩千。

這樣的工作是被大眾窺探、議論的，但對小愛來說是一種可以賺錢的方式，平均每日接三至四名客人，只要一天賺到四千元以上，生活就不成問題。有些酒店小姐討厭這工作，她卻認為這種生活型態反而相較於酒店單純，上、下班還算固定，沒客人的話可以提早下班，又不用喝酒，也不需要負擔業績壓力一直call客，比較麻煩的只是得一直洗澡，皮膚要抹乳液。

做了一年，吃到飽的網路是她最大的陪伴，直到有一次，警察到樓上要逮毒趴結果撲空，順勢就把她們抄了當作出勤的業績。在警局內，小愛被警告永遠不要踏入這個轄區，當時她又羞、又氣、又怒，又在心裡笑著想自己原本要嫁警察的，結果警察只會欺負她！

出了警局後，朋友介紹她去做三溫暖。警察的恐嚇抵不上現實生活的經濟壓力：房貸、水電加生活費，以及各種醫師建議的、她想在最後日子裡給老人家的，都需要錢。

母親受病痛折騰時，姊妹倆請了移工來照顧，雖然一個月得花兩萬五，但是面對日益老化的母親，她們實在忍不下那分心痛。一年後，母親離世，兩人用母親的保險理賠金還清了房貸。如今的小愛不再關心任何政治議題，只模模糊糊地聽人說起太陽花和女總統。

母親走了以後，貓咪「天使」也跟著走了。「天使」死的時候，小愛和妹妹一直哭，但媽媽死的時候，她們只有出殯的那天哭，因為媽媽苦命太久，她們早已哭不出來……

「天使」走後，小愛的身上有了一隻白貓的刺青，和她母親的臉分別一左一右，在肩膀靠近胸口的位置。

母親不在了，妹妹去和男友同居了，孑然一身的小愛少了經濟壓力，輕鬆地在護膚店工作，家裡則多了幾隻貓。她笑著告訴我：「有一次，我撿到一隻貓送去獸醫那裡，打針、投藥花了我兩千元。那天晚上接一個客人時，我突然覺得他很可愛，就跟他做了『全套』，多賺三千元。為了那隻貓，我願意做耶！」

曾經考慮的新娘祕書、美甲或美容業，不再抱持希望了，但她透露了另一個心願，「中樂透的話，我想開設收容流浪貓的『貓中途咖啡廳』，就用我家的『天使』為名。」她吸了一口手上的菸，「我三十七歲了，還會指望靠男人就太傻了。我不打算愛人，但我想總有人會愛我的貓咪。」

竹北手槍店

有一對以「師兄弟」相稱的水電工人，每個月逢發薪水的好日子，兩人一定前往竹北買樂透。他們愛死了那裡的阿富滷肉飯，總是先連吃兩碗，喝上湯後，再前往樂透彩攤，有時隨機亂買，有時固定簽牌，總之就這樣等到開獎，若是中個三百、兩百，那就刮刮樂買一買，再接再厲地直至全部敗光出店門罵詐欺，有時連一、兩百也沒中，就直接出門罵詐欺。

他們會一路罵上車，先是說：「以前富邦發行的台彩是真的。」因為他們中過五萬元。接著信誓旦旦地說：「現在中國信託是發假的！」因為彩球的落點位置不同，「很明顯啦！墨水上有加『神奇磁力』，再給它指定號碼，就是這樣的磁力技術害我們買樂透總是連續槓龜……」

不過，無論怎麼罵，每個月的這一天，師兄弟倆總會在上車離開兩小時後全身舒爽，癱癱軟軟地回到宿舍，手上拎著大量的炸雞、滷味或烤肉，一面食補身子，一面對我高談「攝護腺保養」之奧妙。

●

那裡是竹北——全台灣最多單身男性的聚集地。竹北的光明六路一帶是「半套店」群聚之處，大量的「攝護腺保養」服務或明或暗地四處開張，吸引了大量的單身男性前往消費體驗。店家的按摩有時是真有技術，有時則是胡亂抓一通，差別在於年輕小姐不需要真實的按摩技巧，年長的小姐則是沒有技巧不行。

但醉翁之意不在酒，排毒首重攝護腺。這些按摩店家只收男性，台灣人早已知道是為了什麼，只是周遭的勞工有需求，也就有人因此提供服務為生。我們的師傅在趕工時雖然為了追進度難以休息，身體疲累無比，但「太陽底下的男人們」結實、強壯。相比之下，竹北一代群聚大量單身男性，無論在電子大廠或小廠工作，千篇一律的是過度勞累，那些穿西裝或是電子廠、晶圓廠的男人們每天不晒太陽，生活還可能日夜顛倒，無比體虛。

按摩店於是應運而生，從中午開始營業至清晨五點，上門排毒的男性絡繹不絕。長時間被工廠圈養的男人，沒有多餘的機會真正與女性交往。網路的生活畢竟太過空虛，線上追求難以奏效，聯繫管道少之又少，罵人無助於與人的互動，上網酸人也解決不了憂愁，嗆人後，只能回頭刷著螢幕，見證自己的孤獨。如果還有錢，那可以稍解一晚人生無奈，儘管無力解除真正的虛空。也只有錢，可以安慰自己沒時間、沒機會認識女人的寂寞。

這些店家占領了整個光明六路東二段，路邊有店名的光明正大營業，沒有店名的更是遍布各地，隨手打開「微信」一搖，幾乎都有數十家「排毒」等你聯繫。價錢倒也公道，各店家都訂出了行情價格：純手槍兩千元，一個半小時，若是去得熟了，服務的小姐、大姊會自動升級，寬衣解帶地全裸磨蹭。沒有店面的「個工」則接受加價換取其他服務，比如：「音樂系」加一千，「戴」加三千……個工的價碼隨各個小姐而調整，藏在微信介紹的LINE訊息裡，若有似無地給人解密。

店家的營運方式很類似，在路上的都是長期經營的店，店內的小姐是抽成制，等做一陣子熟悉後成了紅牌，她們便建立起自己的人脈，再和姊妹一起成立下一家名店。有個小姐告訴我，她手上有眾多客人的手抄紙條和名片，這些都是她將來自立門戶時的基本顧客。

我游移在此處，見證一間一間套房內的漏水，並逐漸與這些女子熟悉。維修的工程永遠比新建的好賺，這種店家付現爽快，絲毫不拖泥帶水，我就在此更換龍頭，加裝清洗器材，有些個工甚至拿出醫療級不鏽鋼供我安裝。

我和這些女子沒有不同，她們靠著外銷的產業生存，我靠著她們在此群居，慰藉我的孤獨。

進行的流程約略相同：客人先洗澡，接著小姐進場，按摩一個小時之後便看狀況予以「攝護腺排毒」。有些男人偏好此道，特別自選乳液或嬰兒油，拜託小姐在「特殊位置」加強服務，以獲慰藉；也有人愛用特殊姿勢。更多男人則是在來過一次、兩次

後，反過來要求「先服務」，後按摩，在發洩後洗澡再躺回，經過沒幾下按摩就先沉沉地睡一會，再前往排班的場合——這些店甚至有二十四小時營業的，正是為這類單身男性服務。

店家有各種小姐，會按摩的、什麼也不會的，還有美若天仙的。有的客人只是想全裸地跟女人坐下來談話，更有人只是真的想抱一個女人，在短短時間內有一點體溫以供慰藉。有些紅牌甚至有獨特的預約方式，一般人不曉得，只有在特定狀態下才見得上面。

網路時代，非特殊的紅牌小姐都能

先行預約，更可以先看小姐身材。客人進了店，便有人引導至包廂內，盥洗一陣後小姐進入，這些男人終於可以全裸示人。服務的小姐閱人無數，不介意男人全裸躺平，有些男人也只能前往這種地方得到安慰，便有「好大」、「好燙」之類的敷衍用語順勢而生。

小姐們的年紀大多是虛報，四十歲的說三十六，三十五歲的說二十九，二十九歲的說二十四，二十五歲的說二十。女人總有改變自己妝容的技巧：抹粉、上油，或燙或染，將房間燈光調暗，或者嗲聲嗲氣……畢竟在第一次見面的客人面前裝年輕總比一直被請出去好，如果服務得當，客人會回頭，也就不在意年齡了。這種地方不需要誠實，男人個個自稱新貴，小姐也人人純潔。

與個工相比，店家聘雇的小姐低調得多，多半也不提供「更多」服務，做每個客人都與店家對分，一個月下來平均約能進帳五萬元，大部分的小姐就是靠這筆收入生活。若想賺更多，就只能前往更小型、更隱密的店，缺了保護，冒著可能的危險，遇上討厭的客戶就只能勉勉強強地敷衍。

我記得那年，趁著中秋夜去更換連棟的浴室發霉的矽膠。小姐們說每逢大節、大日子，大家都趕著回家，竹北消費的人大幅減少，她們也會趁那日休息或者乾脆休假回家，緩一緩身體，有的則利用難得的機會群聚烤肉，或是安排房子的修繕。

她們聊起那天在店門前烤肉、喝酒時，有個在公司值班的男客上門，進房間洗完澡後就急著要小姐服務，保養完攝護腺之後，他說剛剛聞到小姐身上不是香水味，而是烤肉香，因寂寞而哭哭啼啼起來。

那次他給了六千元整，多的是小費，恰好是在工廠留守的加班紅包。

竹北的今夜，人與人依存著。我曾以此為生。

隱藏的米其林

許多朋友知道我貪吃、好吃，可是有時候，我不僅僅是為了吃。

之所以愛上尋找美食，是因為工作幾乎每天需往返於不同的工地現場，上班時間唯一能自由決定的就是午餐。現場工程師可以自己決定吃飯時間，提早些在十一點半吃，避開人潮，或者乾脆等一點半以後去能閒聊，店家在收攤前說不準還會加菜、加肉。

湯

我身邊的朋友們似乎也精於此道，談起美食，人人都有興趣，差別只在品味不同。身旁的師傅們平日吃膩便當，尤其是老師傅只要下了班，打死都不吃便當。有位老師傅因為白天喝厭了大家笑稱為「洗鍋水」的便當附湯，下工後一定要找「好湯」來喝，專帶我在萬華尋覓上等好湯：鱸魚湯、大骨湯、蘿蔔湯、豬肚湯、四神湯等，其中，他最愛去豬腳店喝專門以竹笙熬燉的好湯。

有一次，他和我另一個專門吃高價美食的朋友聊起，有錢的朋友說要帶他去新店一家知名的火鍋——一鍋五千元，他聽了咋舌一番，感謝連連。私下帶我去貴陽街喝羊排湯時，他說：「還是喝我們平常這些湯好，一大碗才一百元，那種太貴的還是算了。」

餅

另有些師傅喜愛可以帶著走，既能當正餐、又能充作點心的糕點、酥餅和肉乾等，有時會帶到工地現場分食，鹹酥餅蔥味四溢，一口三香：芝麻香、烤餅香和蔥油香。

師傅徐大告訴我，這類甜、鹹酥餅只要沒有包太多肉，都能長久保存。住萬華的他還教我：「鹹酥餅要買萬大路的，甜酥餅要買南機場裡面的，紅豆餅要買南機場外，胡椒餅要去龍山寺。」他對於其他地區的餅也有研究：「太陽餅，我比較喜歡自由路的。」或者要我：「你下次去大溪，幫我買三十個共匪餅。」

為什麼特別喜歡餅？他說餅類、糕點和肉乾適合外出帶著，一隻手就可以吃飽，前往工地的路途遙遠，放些餅在車上有得吃，還可以跟大家分享，或是帶回家存著。

台南美食

我的工作搭檔培祺是台南人，對於米飯和台南的在地食品特別講究。在他看來，米糕和油飯不可同一而論，長住台北的他對北部粽嗤之以鼻，認為台北人極不懂吃，米糕、油飯和粽子居然不分。他並認為台北自助餐的米飯有許多都煮得過爛也過軟。

每個人都有自己喜愛的口味，我倒是對於他推薦的台南虱目魚和牛肉湯，以及各類小吃垂涎不已，後來因為喜歡的女生也住在台南，便連冰品和水果也變成了口袋名單，這些都是有傳統，並且充滿在地特色的美味。

在地的台灣麵食——麵線

至於我自己則鍾愛麵線，鹹香美味，易有飽足感，便宜且方便吃到。這種食物軟爛、好吞，也適合年長者食用。當我開始四處尋找好吃的麵線，意外發現身邊許多朋友也鍾愛此味，彼此便不時交流情報，有時和家人、朋友就為了一嚐美味麵線，從中和吃到萬華慶昌橋，再從和平西路吃到泰山。

大台北地區的麵線文化絕對不輸給其他地方，用的配料也是台灣人喜愛並且接受的：大腸、鮮蚵、肉羹、魚丸，佐以香菜、蒜泥以後，便是一份美食，大碗的可以作為正餐，小碗權充下午的點心。各店對於自家麵線有不同的用心：豬骨高湯、柴魚高湯、以蚵殼熬煮、加入滷大腸頭，有店家放了手工製作的魚羹、肉羹，還研發出加中卷。麵線文化之豐富連外國朋友也驚嘆不已，是真正在地的台灣麵食。

更重要的是，這些美食大家都可以去吃，不帶階級性，從教授到街友都有自己的喜好。有時見朋友或師傅心情不好，便帶上這些「隱藏的米其林」分享，既可以表現出依舊記得對方口味的獨特感，二來又兼顧了每個人的荷包尊嚴。這些食材絕非最頂級，可是絕對經得起考驗，碗盤餐具或許不夠環保，但足夠便利。這些小店、食攤沒有排場，客人們盡可以大方、輕鬆、隨意又簡單地享用和交流。地點和店家也可能絲

毫不起眼，只是靜靜地數十年如一日做同樣的食物。

而工作會換，地點會跑，可是當那喚起記憶的味道、店家令人感到親切的招呼出現時，初次來到此地的回憶漸漸被勾起。我貪吃、愛吃、但我前往這些地方，卻不僅僅是為了吃。

藥酒文化

提神藥酒是能快速區分台灣階級的一種飲品，大多數勞力階級幾乎都飲用過，軍、公、教、警、檢、法則少有人嘗試，而這種用飲料就能看出階級差異的代表性飲品，其實也反映了文化差異及價值觀。在台灣的勞工中，最具有代表性並且具有市占率的為「保力達B」，另一代表飲品則是「三洋維士比」，但大多數學者離地雲端，學校論文研究對此也不重視，我感到很可惜。

我對三洋維士比及保力達B具有強烈的親切感，出於個人喜好，我認為這兩款是能代表台灣勞工階層的獨特酒精飲料，與一般所謂的紅酒、啤酒不同，提神藥酒具有不可替代性。關於其獨特的商業行銷方式、優渥的穩定獲利以及對於勞工市場的重視，我想與其等人寫，不如自己來寫。

三洋維士比及保力達兩家公司稱霸了台灣的勞工飲料圈，至今連衍生商品如「白馬馬力夯」、「蠻牛」，也都是兩方對打。傳統上來說，保力達B的鋪貨據點多是檳榔攤；三洋維士比在此的突破口較難，後來以小蜜蜂（開車或騎車賣飲料的人）為鋪貨對象。雙方都是隨處可見、可買的藥酒，也各有擁護者。

值得一提的是，兩家公司的廣告都訴諸勞工強大的心理投射。記憶中，在二〇〇〇年尚沒有什麼持續針對勞工進行書寫或記錄的作品，但這兩家藥酒公司是例外。

三洋維士比最早期以周潤發開始高喊「福氣啦」，接著是伍佰、玖壹壹，針對勞工的訴求深植人心。三洋維士比擅長以輕快歌聲加上肢體動作的廣告，每年幾乎都有新的元素和創意結合，甚至由於「福氣啦」和「勞工兄弟」不時有對應的廣告來搭配，而成為所謂的「百搭背景歌」。「兄弟啊」也成為一種口頭禪，由周潤發到伍佰，再到現在的玖壹壹，一代一代，幾乎已成勞工文化的指標對象。

相較於三洋維士比，保力達B向來以口白廣告稱霸，從最早期開始就是以勞工的辛勤工作當廣告內容，由勞工說自己的心聲並且努力工作的口白，片末再加上「明天的氣力」作為收尾，從農田、工地、工廠、漁船、司機到市場等，對於各領域的勞動兄弟們都有極為動人且真誠的描述。這種承接勞工心聲故事的廣告，由原本只有勞工現身，近年來加入了吳念真導演的旁白後，影音效果更加扣人心弦。

要了解勞工階級，從這兩家公司的廣告著手，可能比研究任何論文都來得有意義。

這些提神藥酒的成分非常類似，兩家廠牌都是加了大量的維他命B群及牛磺酸，這樣的成分加上酒精，入口經血液循環後，產生了不同於其他飲料的獨特口味和作用。也因為保力達B與三洋維士比都屬於藥酒，酒味濃烈而有獨特個性，喝下後，口中的味道非常重，類似香料紅酒，因而產生了全新的獨特飲用文化。

過去，關於保力達B及三洋維士比的配方多屬於巷議街談，實際飲用的第一線勞工很少有系統地整理、研究，而擅長研究的知識分子又絲毫不碰這些真正對勞工有極大影

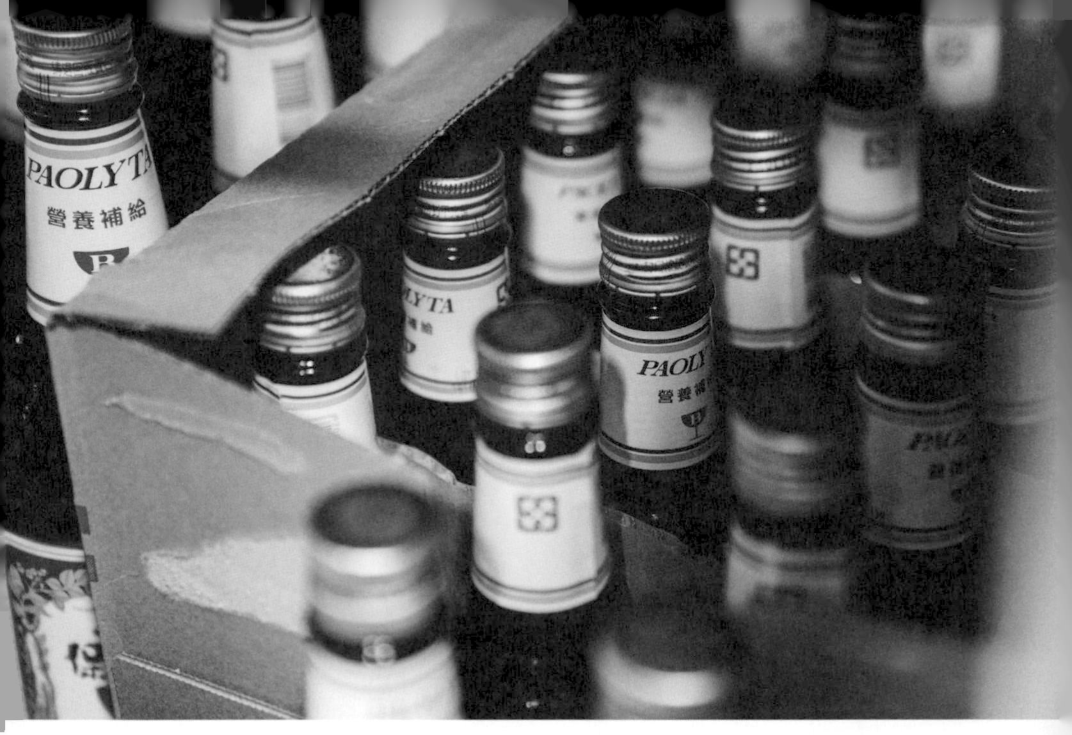

響力的酒精飲品。事實上，如果要細緻討論這些飲料搭配的組合，必須理解鋪貨原則以及各飲料搭配間的變化。

我們可以簡單地列出台灣勞工的藥酒系統，我認為共可分為九大系。

第一個系統是「汽水」系，諸如：可樂、雪碧、沙士、維大力、維他露Ｐ以及七喜等各種含氣泡飲料。這類的搭配效果極佳，能在夏日時享受提神藥酒的微醺舒適，同時因為配汽水而更好入口；喝入含氣飲料後，會大口吐氣，搭配提神藥酒則更有「暢快」感。這也是所有工地調酒中最常出現的口味，幾乎所有勞工朋友都嘗試過，尤其以戶外工作者最愛此道。

第二個系統是「奶」系，諸如：莎莎亞椰奶、國農牛奶以及鮮奶，另外像是豆奶、豆漿也屬於這種系統。這一系統的飲用選擇是順口，奶類飲料可以提供較為滑順的口感。當天氣稍微轉涼時，奶系調酒便逐漸增加，這也是一般工地女工常用的藥酒調配方式。有許多勞工認為加了牛奶或椰奶的保力達B可以保護肺部，因此，這也經常成為室內油漆工與泥作工的搭配選擇。

第三個系統是「提神」系，諸如：白馬馬力夯、蠻牛、康貝特、紅牛等，有時加入奧利多水或移工們喝的紅獅提神飲料，為的是增加B群。有一偏方是嘴破後飲用藥酒，加上兩罐馬力夯作為搭配，據說能讓嘴破、火氣大等身體狀況改善。有另一種說法是這類飲料能讓提神效果加倍，駕駛們常喝，再配合檳榔讓身體出汗，加速酒精代謝。

第四個系統是「咖啡」系，諸如：以韋恩咖啡黑罐、伯朗咖啡、UCC咖啡，甚至現在便利超商的現煮咖啡等作為調整搭配飲料。這樣的調配方式行之有年，並且廣為大家運用，有一種說法是這樣的組合不只可以提神，甚至還能止痛。含維他命B群的藥酒加上咖啡因後，與酒精共同飲下，需要使用較精密工具施工的師傅們常用這種配方，例如為大樓外牆鋪大理石的工班。

第五個系統是「運動飲料」系，這之中以舒跑、寶礦力水得、健酪為主，搭配時，通常會用很冰的藥酒及很冰的運動飲料，運動飲料的比例甚至通常比藥酒來得多。由於相傳可以防中暑，許多做戶外工作者習慣這樣飲用。近年來，FIN成為這個系統裡面最受歡迎的飲料，有所謂的「喝保力達B搭配FIN防中暑」的獨特說法。

第六個系統是「淡泊系」，直接加入礦泉水或無糖綠茶、開喜烏龍茶、涼茶或者青草茶。引用這配方的師傅們多數年紀大了，沒喝到藥酒感覺就是怪怪的，總會想要喝一下，有些師傅則既想喝又想養生，想要來點維士比、保力達B，但又怕酒測，便以這樣的配方調配飲用。

第七個系統是「果汁」系，諸如：美麗果柳橙汁、津津蘆筍汁或黑面蔡楊桃汁加以調配。這些飲料本身就很甜，和藥酒搭配起來會有點膩，但有些師傅習慣在上工前不吃東西，就這樣空腹來一杯，即使被告誡如此會傷肝，他們也依舊保有這樣的習慣。

第八個系統是「酒」系，諸如：米酒、米酒頭、高粱酒、鹿茸酒，以及各種婚禮或是送禮的酒，搭配著喝既可以增加酒精量，禦寒效果也極佳。這是非常傳統的「經典調酒」，但也因為酒精含量較高，工作時喝有很大的危險，不過，在小吃攤倒很常見。

第九個系統是「啤酒」系，加入台啤、金牌、海尼根、雪山、青島、藍妹以及進口的俗稱「外勞啤酒」（這是以前引進的泰國、越南啤酒，現在少了），這類飲料比較清爽，能提供爽口快感，並且據說有助加速排汗、利尿，且因為酒精濃度較低、較順口，而受到歡迎。

這九種提神藥酒調整配方各自有特殊性，同時也與真實的鋪貨狀況及銷售策略息息相關，但這些藥酒始終跟隨著藍領勞動者，工地結束後是工廠，公路開完是檳榔攤，藥酒始終跟隨著開發而走。

根據這九大系統，選項看起來好像很多元，但也只是有舒跑搭舒跑，沒舒跑配上健酪，近年來，莎莎亞椰奶缺貨，人們就喝起了國農牛奶。所謂系統之分，也是代表口味可以交互替換，這些飲料不過就只是工作之餘，少少的選擇。

勞工在台灣始終不受重視，即使有勞工局處，但是對於勞工的照顧幾乎都無法及時。主政的官員不管哪一位上台，提到勞工時，總是以「辛勤」、「感謝」的口號串場，佐以握手、陪笑，但在我們看來是「敷衍」和「作秀」。

●

台灣在拚經濟的大旗下，勞工的能見度非常低，幾乎沒有什麼影視作品是以勞工為主題的，「唯二」的例外就是兩家藥酒品牌的廣告，大家喝藥酒時，也將這些深植的印象一併喝下了肚。

藥酒廣告有它一貫的品牌及形象操作，你絕對看不到三洋維士比的廣告出現苦情工人絕望的姿態。在三洋維士比早期訴求的廣告涵義中，刻意營造出強調「分享」及「團結感」的氣氛，延續至今，幾乎所有的勞工都受到影響：提神藥酒少有人獨自飲用，多是一起分享。這是三洋維士比公司所留給台灣藥酒文化的重要價值觀，內化成為喝藥酒時，不可分割的部分。

保力達公司的廣告策略則因為吳念真導演而有了大突破，他所拍的賀歲廣告，每年總會在我的臉書上頻繁地出現一陣子，帶有一、兩句「男人的心聲」或者順口溜似的「錢難賺，子細漢……」。在他口白中的人物堅毅而恆忍，藥酒成為支撐身體的重要象徵，反映到現實文化，當一個工班要加班時，能表達出這種涵義的也就是藥酒了。現在師傅們要加班時幾乎都是拿著藥酒，一口一口飲下，繼續靠著自己的身體拚搏下去。這些勞工和吳導演口中的人們一樣，面對不了大環境，也難有被重視的機會，說再多也沒用。

因此，也有最後一種喝法：用小罐的保力達B或三洋維士比加入「三支雨傘標」友露安，據說可以防風防雨、治病止痛，又或者是加入克風邪、傷風友等罐裝成藥，止痛並且止暈，對於痠、痛、脹都有極佳的效果。這種配方說出來令人哀傷，卻真實存在，不只一個師傅用這種配方強行讓自己振奮，也同時傷害自己的身體。

最悲哀的是，這種方式人人知道不好，卻便宜且有效。既然痛苦無可避免，能減緩的無論是什麼，也只能帶著酒喝下。

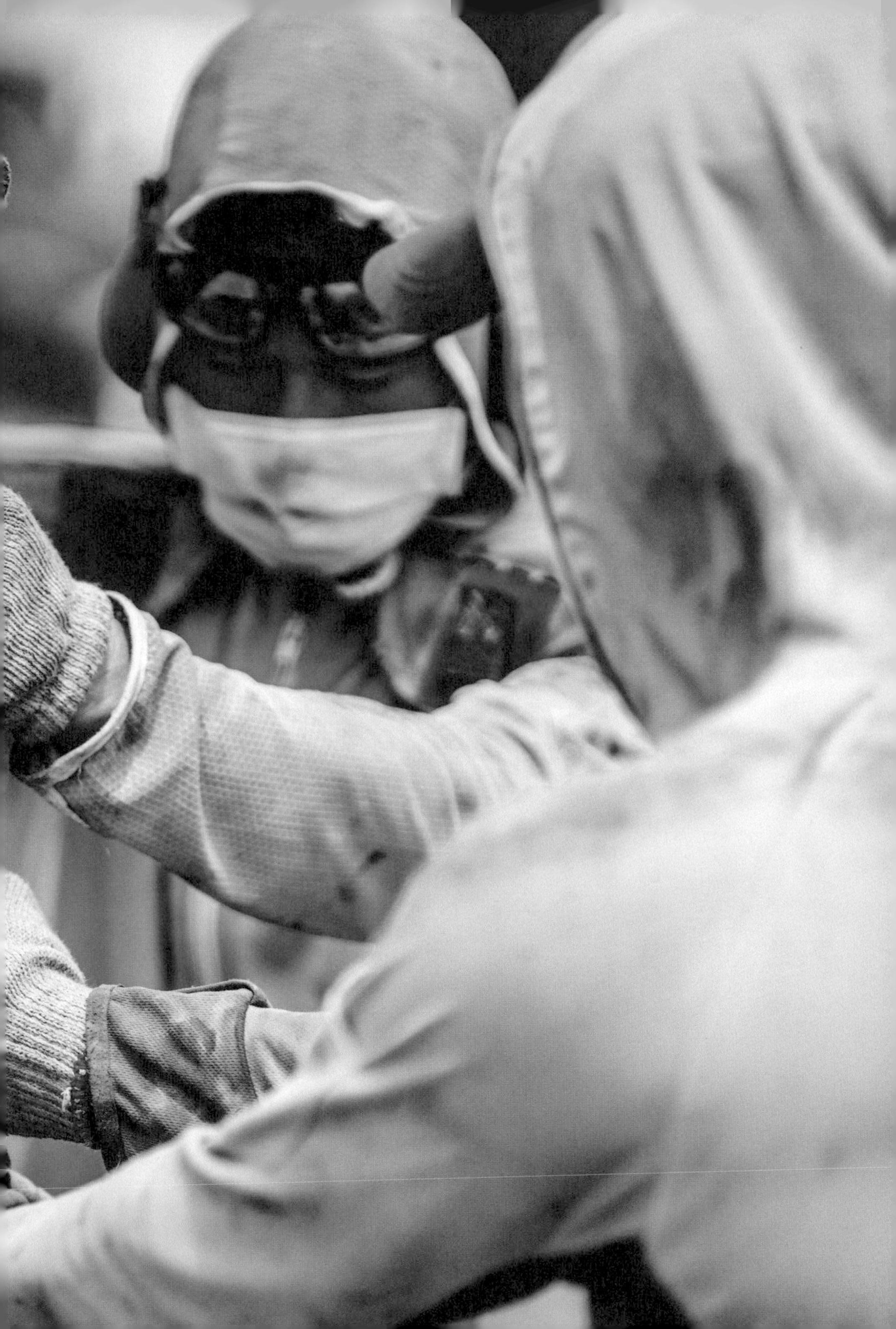

刻板印象

很棒的工人

我三不五時就會聽到「好手好腳就該去做工」這類的話，彷彿做工是一件簡單的，只要有手有腳就可以做的事。

多年前，我曾叫過一批粗工，當時點工行信誓旦旦地說這批工很棒，是身強體壯的中年男性，那說法讓我活像是奴隸市場的買主，他們則像魚市場上待價而沽的石斑、鱸魚或是各種活生生的水產。

到了隔天上午，這些很棒的男人到我的工地現場時，我隱約察覺這些人不行：獨輪車使用不上手，搬紅磚的時候不知道屈膝，以為灰袋和白袋都可以輕易上肩，米袋裝得太滿。但當時的我沒太多想法，只是要進度完成。

指示完畢後，我隱隱約約知道他們的身體可能受不了，只是沒想到這麼快！才到中午時間，這些人就紛紛氣喘無力，很顯然地已經過勞，甚至有幾個人對我說「自己不行了」，手、腳、腰、背都開始痠疼起來。

我當場便念起帶他們來的老闆：「你的工根本不能用！」

這些看起來仍舊好手、好腳的工人根本不知道抬東西時要彎膝蓋，不彎腰，不知道推獨輪車得要人和手都在後端握著，不知道白袋裝的二十五公斤黏著劑要身體夠好才可以上肩，五十公斤的灰袋水泥應該平放在背上，用揹的走，甚至也不知道整理碎石、碎磚時，米袋不可以裝滿。這些年約四十的勞工們被我數落一番，只能在一旁抽菸。

我的標準很簡單：工作能力比我差的都不能稱得上是好工人，畢竟出賣勞力的人不該比監工的力氣還差，還不努力。人力派遣的老闆聽了，苦笑著說他會帶著做，接著告訴我這陣子的工都是過去做卡拉ＯＫ伴唱帶的，因為景氣不好，日子難過，大家才到工地來一起討生活。

隔天，阿海師聽我說這些事情後，對我說：「你錯了！這些人就是可憐才到工地。誰喜歡到自己從沒做過的地方工作，還要被一個小自己二十歲，可以當兒子的人數落？

都是國民黨和馬英九心向中國……」身為老師傅的阿海師接著懷念起以前陳水扁，甚至李登輝時代的景氣，直說著要我對這些勞工寬容點，「你還年輕，所以不知道身體的操勞……」更諄諄告誡：「我們不是軍公教可以死活一輩子給國家養，都只是苦命人，想靠雙手養自己家。對這些甘苦人好就是積陰德，別像那些開單的警察和統治我們的法官。年輕人要知道一命二運三風水，四積陰德五讀書，與其讀書，不如多做一點好事……」阿海師如同父親，也像是導師，以他的人生經驗為我「開示」。我則心想：人窮命賤運氣差，風水到現在看也看不懂，這話似乎還有點道理。

●

當天晚上，一群監工朋友聚餐，同溫層相處總是有比較多的話題，交換著搞不清楚狀況的「天兵工人」故事：找不到廁所，亂尿尿在電線上被電昏；站在鋼梁上面用砂輪機切鋼梁，結果鋼梁切斷了，人也掉下去；站在吊車下面，被勾索甩到倒地；叫他整地開條小路，結果拿鐮刀亂揮到蜂窩，被蜜蜂追著跑；不會推獨輪車，在過架板時連人帶車地掉到水溝裡……身為監工的我們有太多關於這些工人的蠢事可以拿來說，即使比起當兵還要悲慘也不在意，我們是笑著說的，同溫層各自有各自的殘忍，我們也只是習慣了而已。

當時我們討論起一個話題：工地垃圾要裝袋時，究竟是先套塑膠袋？還是先套麵粉袋？主張在內層套入塑膠袋的我表示，「麵粉袋一定要在外面，這樣一來好拿、好搬，二來不至於在搬運整理的過程中，整個袋子破裂、鬆脫。」另一人則持相反意見，認為：「米袋在裡面，才不會因為垃圾的稜角刺穿袋子而漏水。」

我們兩人為此爭論不休，他在工程部門當公務員的女友聽得很認真，提出另一個疑問：「袋子會不會裝太滿了破掉？」

我們傻愣愣地回頭，同時反問：「怎麼會太滿呢？」

她也疑惑，「垃圾不裝滿嗎？」

工地現場的垃圾不可以裝得太滿，這是常識。如果是砂石、水泥等建築材料還可以，但像垃圾、碎石和瓦塊頂多只能裝到一半。米袋、飼料袋及麵粉袋裝滿時可以盛裝六十公斤，不過，那並非一般人體力所能負荷的，所以理想的狀態是袋子只裝一半，也方便人員拉住布袋或米袋的角角來搬運。

許多人認為「好手好腳就可以去工地」，
這種刻板印象既不全面，更不客觀。

「但水泥和袋砂都是滿滿的一袋一袋啊！」女孩依舊無法理解，在公部門工作的她每天透過圖紙和書面審核各種工程計畫書，但她不明白實地的工程經驗。我們實在不知道該如何繼續解釋。

許多人認為「好手好腳就可以去工地」，但事實上，少有人知道工地的專業和工作內容，只是輕易地認為隨時可去，因為辛苦而危險，所以錢多又好賺。這種刻板印象既不全面，更不客觀。即使我能夠以文字書寫，或者花上半小時解釋，仍舊難以扭轉這種因「不知道」而造成的誤會。

●

隔幾年後，同樣的情況再度發生，又是有一些「很棒的工人」來到工地，其中一人手上用電火布纏著指頭，另一人買了新雨鞋，兩人的安全帽又髒又破，看起來頗有做工的架勢。我到場時，資深的黃師傅教他們用圓鍬並附上口訣：「平的去，轉起提。」兩個工人眼神渙散，累懨懨的像是遊魂。那個用電火布纏手的師傅吃起了檳榔，電火布旁邊有乾掉的血跡，想來是受傷後隨意亂纏。

中午時間，我們坐在大樓旁，黃師傅告訴我又有工廠收起來了，這一批「很棒的工人」是工廠的下游廠商。旁邊的警衛和師傅們聽了，開始七嘴八舌地交換情報：

「一人給八千，就讓他們走路回家吃自己。」

「還有八千，好像也不錯。」

「做十三年要人走路才八千耶！」

「啊某你棟奏哩系軍公教喔？」

「屋八千愛偷笑啊！」

「八千，半個月就某了了。」

「啊幹來工地規身軀免一千。」

「艾啦，雨鞋四百、安全帽一百五、頭燈三百、背心一百五，差不多一千。」

「按捏一天工錢就去了……」

黃師傅畢竟有長年的經驗和技術，雖說這幾年景氣下滑，總還是比一般上班族好過一點。這些領報紙薪資的臨時工則不然，他們的替代性高，而且來到此處時難以融入。我們私下聊起這些中年失業進工地的人時，總說：「讚欸唷！」同時比出大拇指挖苦一番。同樣的狀況重複發生：剛來的脖子上披一條乾淨毛巾，做事時一看就知道完全

High Quality
CHASSIS GREASE
No.
RUBBER

HINO

聽不懂我們在說什麼，不但連「風頭欸瑱馬頂板模釘仔拾拾欸」、「散工去前控顧立艾抓貓」這些輕鬆的指令聽不懂，就算翻成日報表上的文字：「清理大門口露台上方的模板釘」、「下班前，把混凝土表面清理乾淨」，他們也不見得能夠馬上上手。這些臨時來的工人多數恍恍惚惚，等著被我們帶過來、帶過去，時而加上急吼催促。

其實我心裡知道，如果這些「很棒的工人」還能有其他選擇，不見得會到工地現場；就算到了現場也不一定當雜工或粗工，因為擁有技術者的工資更高。

駕駛怪手的林師傅告訴我開怪手不會比較累，甚至比許多勞工都輕鬆許多。但我看到的是這需要長時間的投入和經驗：每台怪手都必須使用大量柴油才能發動、運作，若是用來練習，不知道要花上多少時間和金錢成本。熟練的怪手司機與菜鳥相比之下技術差異甚大，遠非一年、兩年可以拉近。

同樣的心聲來自貼磚的郭師傅，他對於外人的不理解也抱持相同的無奈。好的瓷磚一片動輒上千元，拼貼時的平整，以及磨角後的瓷磚該如何對磚、對縫，都需要大量經驗。但大多數人不曉得連瓷磚對縫都必須在施工時精準地測量空間面積、尺寸大小，每一片磚之間的縫隙、事先在牆上開線以定下貼的位置，也需經過再三確認。

像我這樣的角色也只能靠著同溫層取暖：調度師傅時的考量，究竟要技術好？還是配合度高？工地監工的待遇又如何？指揮這些師傅時，是否要考量他們的配合度或是個性？……但在工地內也不可能隨意找人談論，每個師傅多少都還是希望我可以多挺他一點。

那麼，那些來到我面前的人們呢？當一個產業臨時倒塌，當一座工廠外移，朋友和自己瞬間全部失業時，他們又該如何是好？

我永遠記得那些「很棒的工人」被推銷成優秀勞工，卻在工地出錯的窘困，我也曾是對他們破口大罵或是嘲弄他們為「讚欸唷」的幫凶之一，如同那些更遠、更雲端，更輕蔑地說「好手好腳就應該去做工」的人。

當然，我也在這個社會之中，我有罪。

認命

阿嬌姨的年紀大了，再兩年就可以退休，或者嚴格說起來，她其實已經可以退休了，只是沒到六十五歲，她還不想成為孩子的負擔，想靠自己的雙手多賺一點錢。

她的故事要從上一個工作講起。那時，她每天六點就從家裡出發，在家裡吃兩片吐司，再用塑膠袋包兩片，中間夾一些魚鬆，到署立醫院裡面開始工作。她的吐司中餐放在廁所裡面的掃具間，以一個鐵釘勾著，上面擺著一雙紅白色橡膠手套。鐵釘的正下方是漂白水和水桶。食物有一點淡淡的清潔藥水味。

這是她的空間，她負責一整棟樓的清潔和消毒。

每年，阿嬌姨會簽下自願離職的證明，接著去做身體檢查，那是她少數出現在署立醫院時不用工作的日子。

她在醫院的工作是週休一日，休的是週六或週日，而另一天則會有第二個「她」出現。偶爾她要請假的話，另一個「她」也會出現來撐起更多的工作量，起得更早，做得更累，所以請假的人要自掏腰包五百元給另一人，這是說好的條件。

這份工作的情況特殊，除了過年時可以選擇除夕或初一多休一天外，只有在簽下自願離職的隔天，她可以休一天假。阿嬌姨會在那一天抽血、驗尿，並且早早回家，煮一整桌的飯菜給兒子、媳婦和孫子吃。

她做了四年，即使這樣，她依舊失業了。

醫院每年都會重新發包。她一天工作十二個小時，從早上七點到晚上七點，每個月兩萬五千元。新得標的廠商看她年紀大了，要她退休，拿了自願離職單給她簽，然後要她：「等一下公司規定。」

在等待的時候，她依舊工作。有個針劑的瓶子破裂了，隔天她上班時還自掏腰包買了一支好的拖把，可以把地上的藥品清理得更乾淨。公司回報她的卻是要她接受一個月兩萬三千元，或者離開——阿嬌姨選擇了兩萬三。公司的人愣了一下後，要她再等等，沒幾分鐘後又打電話來告訴她：「我們已經請到人了。」

那天，她坐在醫院的椅子上哭。她再五天就滿六十歲了。

●

後來，阿嬌姨到了一所大學，負責整棟校舍的整理，待遇是兩萬三。清潔用的水管是她從家旁邊的五金行買來的，另外還有大小不同的垃圾袋也是她買的。這裡和醫院的差別是她將午餐改為掛在樓梯下的儲物間。而且，她跟兒子最近的工作地點很接近，校內的商學院大樓在做工程，她的兒子就在那個工地工作。

每年到了學期末，阿嬌姨會多一樣工作項目，就是將筆記本和書籍整理好，拿去回收，這些屬於多的收入，但也賺不到幾個錢。

這一年，公司一樣要她簽下自願離職書，做體檢後等待通知。這不是我第一次聽，也不是她第一次知道。這回她拒絕了，但是公司讓另一個員工代簽，阿嬌姨又失業了。公司表示：「一切合法。」

●

我知道再怎麼打抱不平也沒有用。即使勞資調解，即使有律師，能拿回來的大概也微不足道。等待勞資協商以及花在出席的時間，不如去幫忙打雜，即使工作再怎麼微不足道，也好過再被羞辱，或是去害到被迫代替簽名的那位同事。

阿嬌姨叫我不要在意，回家也不要再多想，她這點事不值得浪費我的時間。她說：「現在我已經不會因為這樣而失落了。」

我想著這句話：順應壓迫會是基層勞動者活下來最適合的方式？

看著她的照片，我隨手敲下鍵盤，發現自己連文字都理所當然地冷漠了起來。

兄弟斷路

「洗路欸」請我一起過來會帳。泡茶桌的對面坐了氣質古怪的西裝男，桌上有一張張的簽單，數字都不大，一筆兩萬五，一筆四萬，另外有幾張個人本票，加起來大概有十來萬。

其中一個西裝男開口，說得很直接：「我們只是要錢而已，這裡全部都有借據和單據，加起來總共是三十萬，加上這期的利息是三十三萬。白紙黑字都很清楚了。」他大約四十歲上下，肚子凸起，沒扣鈕子的西裝外套敞開著，沒有打領帶，露出了脖子上粗重的金項鍊。他邊抽著香菸，邊繼續說：「我們快快解決，這金額不大，很好處理。」接著攤開桌面上的單據，「這些都可以給你們看，這裡還有兩張票，我們也好好好地談。」

我來的原因就是桌上的其中一張沒有蓋禁止背書轉讓的支票，那是我的公司開出來的。

「洗路欸」的弟弟「走路欸」在旁低頭不語。這次的事情全數因他而起，關於他向地下錢莊借貸的事情，前幾天已經在師傅和工地之間傳開，大家都在說「走路欸」這次出包，真的只能回家靠大哥處理。

這張票款是標準的月票，開出票的一個月後才能兌現，我們公司付工程款的習慣是一半月票，另一半開季票。小公司之間往來用手機，寫上工程款、稅金和總價後，就算開立，也因為「走路欸」是「洗路欸」的親弟弟，當時發票和支票就這樣開好了。直到現在，大家才知道原來票被拿去錢莊換成了錢。

錢莊在眼前，哥哥「洗路欸」開始還價，看看能不能減少一點。「大欸，乾欸賽算卡少欸？咱這攏系甘苦錢。」

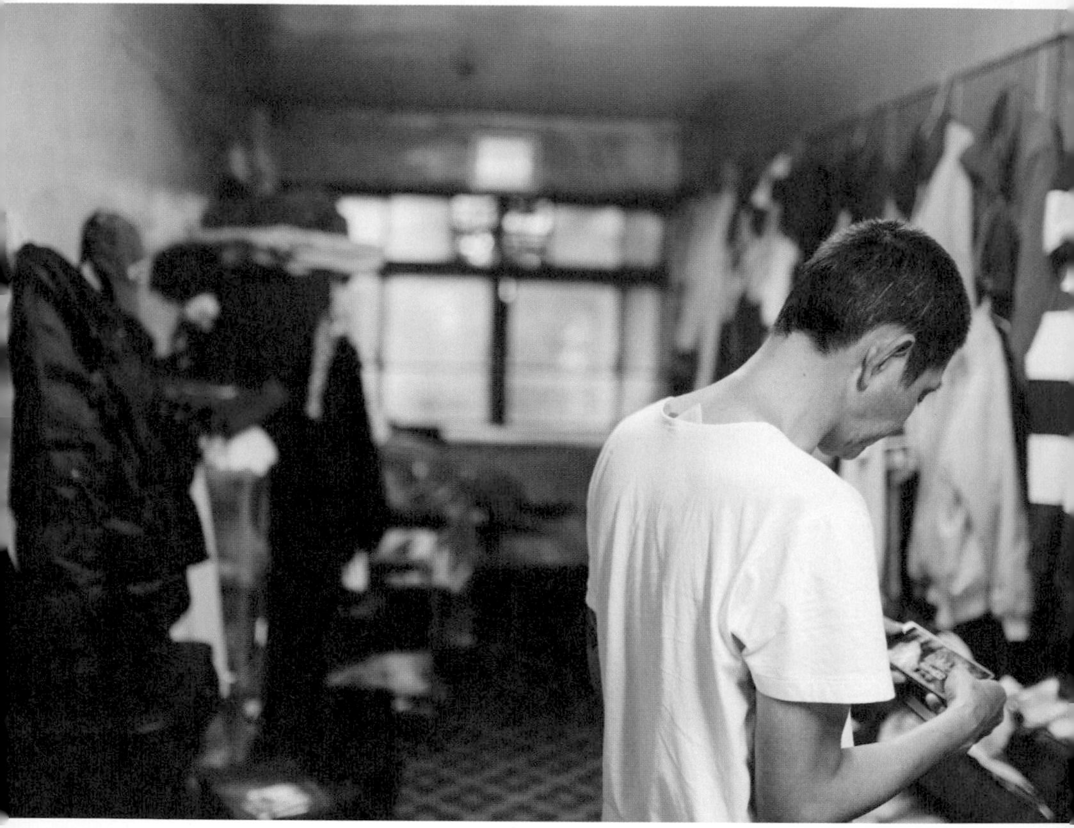

西裝男回答得倒也直接，「現在是因為有這張票，所以之前我們才沒有找上門來。我們也有在算貼現的，這張票不是禁背，可以直接簽名後給我，加起來也有十五萬。剩下的，你們明天再整出十三萬來，這期的利息我就算了……」

高利貸的離開後，「洗路欸」追問弟弟到底是怎麼回事，兄弟倆又吵了起來。

「洗路欸」和「走路欸」這種兄弟檔組合很常見。傳統產業的勞力階級面臨的生活問題通常相去不遠，受限於人脈及資訊，很難得到有保障及社會階級的工作，最後常常是和家族中混得比較好的親戚、朋友學起一技之長。他們兄弟倆相差六、七歲，「洗路欸」早年在工地幫忙載貨，做久了以後，頂下水車做補水、洗地的工作，憑藉著努力和客氣的應對，在重劃區的工程中賺了一點錢，接著又頂下第二台、第三台車。

「走路欸」則是在原本待的工廠外移後，開始跟著哥哥學，至今不到一年。過去他在中和工作、生活，也在那裡結了婚，待久便習慣了公司內部的管理規範，成為穩定的工人，然而，企業外移的速度很快，當工廠說遷就遷，什麼都沒留下，他才發現自己幾乎沒有轉行的可能。

當時我的工地在信義區的遠東停車場，總是跟「走路欸」配合。傳統產業的師傅們常用各種問候圖證明自己仍存在，他也不例外，而他身為老闆弟弟的樣子顯示在獨特的地方，例如：和另一個師傅一起買便當時，他會先付錢，表示這是哥哥的事業，他也會買保力達B請客，或者招呼我這種工地監工一起聊天。被稱為「走路欸」不是因為他懶散，而是他總是慢條斯理，客氣地代替哥哥管事。

只不過，實際上他依舊是哥哥請的人，兄弟兩人同事業時若沒有股份，再好的關係都可以鬧翻。

水車司機的待遇並不算高，「洗路欸」底下的師傅們每個月底薪一萬五，其餘的算趟數，勞保則以時薪制上報勞保局。兄弟倆的眼界因此衝突：底薪一萬七是說好給「走路欸」的待遇，而工地叫水車一般有三種算法：包日、包半日和包趟，包日時，他可以每日抽取九百，半日可抽取五百，每一趟則可以抽兩百。拿著自己哥哥給的上個月薪資單，全九半六單六，合算連同底薪共兩萬九千三百元，「走路欸」認為少，但所有的水車司機待遇都是如此，就算跳到別家公司也相去不遠。

司機們認為日子難過，確實是一貫的事實。大多數的司機沒有案子時，總在溫飽線上掙扎。

桌面上的票剛好十萬，其中有七天包全日七千、九天包半日四千元，另外叫了十一趟，每趟兩千，總計剛好是十萬，發票在請款時被我拗了稅內加。「第一次是在月底簽本票，五千元，實拿四千五當作先算的利息，因為你說要下週一才可以借錢，我不想壞了規矩。」聽了弟弟的辯解，「洗路欸」閉口不語，他叫我來的原因是他和妻子大吵了一架。

在弟弟的眼中，這個嫂子處處對他為難，但在我看來則是女人家在對帳時找不到票據，接連兩個月的時間收不到我公司的款項，結果我直言：「早已給了你們家。」於是整件事情才發作起來。「走路欸」在心裡憤恨嫂子就是不肯提前讓他撥發薪水，才害他這半年來的雪球愈滾愈大。

事實上，這是一團爛帳。哥哥給的待遇和其他家水車公司相去不遠，「走路欸」第一

個月向他借了錢，後來也始終沒有辦法賺到夠用的錢。除了房貸、生活費，其他臨時的花費在大哥、大嫂看來，幾乎都可以省下，對他來說卻是兄長剋扣，每個月賺不到三萬元，兄弟之間的嫌隙也因此愈來愈大。

哥哥試圖拼湊出高利貸的總金額和事情的來龍去脈，但他愈是急切地問話，兩人就愈加情緒失控地對吼。「走路欸」對著哥哥吼說：「你告訴我賺到一定金額後會有獎金，可是這半年來我只有領過一次！」

事實上，小額高利貸對勞工來說是習以為常的事，從五千開始借，但十天後就要還錢，大家一開始也總是在發薪水時準時還清，等下一次再來借。這種借五千、一萬的只需要身分證以及手機號碼，在本票上簽名，同時扣除第一期的款項。

「走路欸」來這裡的第一個月就在月底借了五千，隔月領錢繳清，接著第二個月正常，之後從第三個月開始便一萬一萬地借，因為梅雨而沒有工做，高利貸愈滾愈大：借來五千還原本的利息，簽下一萬的票，接著簽兩張票、三張票，押上了行照，拿出身分證——他的機車行照及身分證現在都在錢莊手上。以他的待遇沒有辦法還清債，在錢莊接二連三的催債電話後，他將工程票押上去，偷偷偽造大哥簽名，不但算清了所有的債務，還終於有了錢可以過年。

錢花到哪裡去了呢？五千元、一萬元實在沒有什麼可以記錄的，隱約拼湊出的是：續約的廉價手機、孩子開學時的鞋子以及文具，中秋烤肉，還有冬天買給妻子的夾克。洗路嫂在一旁罵著，在她看來這些錢都可以省著用。「走路欸」頂回去說：「你整天只會要人省！」

整個情形混亂起來，這是我插不上話的時候。其他的師傅們略帶認命地接受工作內容，所有人都知道洗路嫂勤儉，同時也心疼「走路欸」最後借錢。依照法律來說，偽造簽名的弟弟就是不對，所有人也都知道，「請來的師傅先派工」是行之有年的傳統。師傅們原以為老闆會因為兄弟關係而對弟弟有所禮遇，不過，經過這次的事件，變成一面倒地同情起「走路欸」。

我和另一個廠商只能勸說一些諸如「兄弟倆好好講」的話，然後離去，之後，我再也沒有看到「走路欸」出現。信義區的那塊工地叫著水車，持續叫著，但已經沒有「走路欸」傳訊息問說要不要咖啡的對話視窗，也不再有他問候的長輩圖。像我們這樣的工程師是很懶得打聽消息的，要知道消息，總是當面問起來比較好。其他幾個水車司機來來去去，訊息也不盡相同：有人說「走路欸」躲債去了；有人說他大哥頂下了債務；有人則說，原本「洗路欸」要幫弟弟付錢，但長頭髮的作怪，兄弟終究是斷路了。

這個工作的最後一天，是「洗路欸」跑來清洗地面。我沒有問他弟弟的事，他倒是開口說起可以去叫別家公司的水車，我還沒回過神來，他繼續說那是他徒弟小江自己開的，弟弟也在那裡。我告訴他，「走路欸」沒有再傳訊息給我。

他洗著地面，泥漿的髒汙逐漸被沖入水溝。「自己的弟弟無法帶，我要他去小江那邊……我太太容不下他了。」他幽幽地說。三十萬對開水車的師傅來說不是小數字，高利貸也不能不立刻償還，他自己吃下去了。「當年我也借過錢莊，曾經也借到五十萬、五十萬在周轉的。三十萬的利息是十天兩千七，不快點處理不行。」

但這種事情無法告訴家裡，太太也無法諒解，他只能幫忙還清債務後，要自己的弟弟離開。可是付清欠款後，妻子還是大吵，之後回老家的氣氛始終不對。

「我叫他去那裡好好做，哥也是這樣過來的。也還好男人有工作，我還能洗地，」他苦笑著說：「不用每天和老婆面對面。」在建案逐漸減少的狀況下，生意愈來愈差，若是師傅還很多，也輪不到老闆出來洗地，我很清楚前幾天師傅們又跑了，和弟弟一樣。

「洗路欸」離開後，我call了小江，小江傳來的報價是水車一趟一千八。我不知道這樣他們還有什麼賺頭？

也不知道「走路欸」，還能怎麼生活？

勿忘我

工地有一個很愛拍照的師傅，他的綽號叫「豆腐」，本名根本沒人記得，也不大需要記得，畢竟連他老闆寫勞保單時都還寫錯。公司偶爾會找他的老闆，再轉包給他前來工地，但是如果可以選擇，我盡量不要和他一起工作。

雖然他是一個好師傅，但很愛他人關注，所謂的「刷存在感」。

有一回，我收到「豆腐」的早安圖，想著直接略過就好，結果他堅持自己的早安圖是原創，上面的照片都出自他自己的手機拍攝。有一次因為別人回傳他的圖，引發他的不滿，和另一個師傅吵起架來，但這種事情沒人可以公斷，也因為這些師傅壓根不相信什麼法律途徑或者「智慧財產權」，他著實沉悶了一陣子。

「我的照片是有用意的。」他邊說，邊拉著我如數家珍，「這些都是遶境的時候拍給大家的，會有祝福。」「我想說這幾張是日本，沒去過的可以看一下。」「這是台六十一線失火，要大家小心工安。」……他要我主持公道，其實那位「侵權」的師傅並不歸我管，只因為我是作家，他就開始要我用網路影響力為他洗刷冤屈，我覺得好氣又好笑。

我壓根沒興趣看他口中所說的「原創長輩圖證據」，只是他一開口就講個不停：

「你的書裡面也有照片啊，別人傳去替你說早安怎麼辦？明明你也有可能想要自己說早安啊！」

「我們做工的就是要傳這些圖片啦，人家才會知道我們還在。」

「有已讀啊，我都一次轉發很多人耶。」

我沒想搭理，倒是他講著講著，看人家鑽堡時拍攝施工前、中、後的照片，竟突然開了竅，如同釋迦牟尼頓悟一樣，說：「啊和我們驗收一樣就好了。以後我就這樣辦！」

隔天，我收到了他的「新！早安圖」。

長輩圖的文字早就有專門軟體可以做出來，但是「豆腐」這次傳的長輩圖，誠意不一樣，背景是他自己在工地比讚、比耶，配上「早安～朋友～工作要努力」的文字，結果意外地引發好評，大家紛紛給他好的回應。這下可好，他便異常來勁地加強自拍，告訴我：「這叫做創意。」在幾個工作群組裡面，大家也開始效法，「豆腐」更是受到鼓勵，精進出各種花樣：一會兒秀出他的各式老虎鉗，在圖上貼文：「吃飯的家私～不是筷子」，一會兒拍了各種大小電表一字排開來，寫著：「有帶有平安」。

我對這樣的創意哭笑不得，但能夠理解：傳長輩圖，一直有一種「確認性」。不只一次，我在收到師傅們發的長輩圖後，回傳文字問候他們近況如何，而他們的反應是立刻撥號，反過來開始用電話通訊。對他們來說，仍在工作的師傅擔心的正是被他人所遺忘，所忽略。「豆腐」的這些工作圖片能引起師傅們的共鳴，也是基於這樣的原因，因為這表示：「我還在工地工作，可以叫我，可以合作，我的通訊錄裡面還有你。」

這些工地照片證實了自己依舊活躍於第一線，也讓他人知道自己現在在哪裡，專做什麼。對於沒有受到社會其他福利制度保護的人來說，維繫人際關係是頭等的大事。一旦被人真的遺忘或者拒絕、封鎖，都可能代表失去了謀生的機會。

比「豆腐」更年長的師傅們學會用LINE，很可能是因為要收發照片，我遇過幾個師傅是先打電話來要工地現場的照片，收到以後，再打電話來討論工作內容。

也因此，長輩圖常有「侵權」的狀況發生，侵害到「豆腐」的原創，其實我並不意外，令人意外的是他的一連串升級：拍了一陣子工作現場後，他告訴我，他拍小吃美食拍到引起一些大包商注意，大家在工作閒暇之餘紛紛討論說要前去「參考」，來一場大車拚：是基隆麵線糊好？還是台北紅麵線好？是重新橋的大骨湯好，還是貴陽街的排骨湯好？

有時玩得開心，還開了團購的群組。師傅們的LINE裡有各種砂輪機、軍刀鋸的團購活動，或者五金行代理商所開設的耗材訂購服務，照片、價錢一應俱全，即使不打字，也能截圖來截圖去地完成預訂或者交易。

後來有幾次，我也是看了「豆腐」秀的新工具照片而打電話問他去哪裡買，也曾經因

為看到他發的美食照而傳訊息問他店家在哪，然後都是立刻接到他打來的電話，要我按圖索驥。直至今日，我都還有點期待收到「豆腐」拍的美食照。

那些食物沒有太多文字背書討論，也沒有太多名人加持，就那樣靜靜地存在著，每次接觸都划算又實在。

啦嘻的芋圓攤

天冷就想吃碗熱的甜食，於是我來到深坑老街的芋圓攤。雖然客人不多，芋圓攤的兩個女店員依舊熱情相待，看她們盛著芋圓，我突然想起了啦嘻，想起他的芋圓攤。

啦嘻是個泥作師傅，由於終日嘻皮笑臉地與他人應對，也就被稱為「啦嘻」了——這在台語中是嘻皮笑臉的意思。他的個性就如同綽號：樂觀、開朗，並且整天嘻嘻哈哈地過日子，跟一般的師傅一樣。

我會對啦嘻有深刻印象，多少是因為他的小聰明。

那年，我們要進入松山區的軍事基地施工，正因為進出換證的事情感到棘手的時候，他冷不防地冒出一句：「劉××連長還好嗎？」嚇到當時負責換證的小兵，急忙回答：「報告，他現在不是連長。」更妙的是，啦嘻接著說：「劉××是我當年的連長，他對我很好，一直叫我有空回來看看他。我不知道他是不是在這裡，很久沒有看到他了。」小兵們一聽立刻加緊速度，禮貌且客氣起來，不再刁難。我們在營區施工時，啦嘻對著裡面的軍人逢人就說他很想念當年的「劉××連長」，幾乎整個部隊都聽過他這句話，對他也起了莫名的尊敬。

當年那件工程進行得很順利，從辦證到交接都很順暢。離開營區後，我問啦嘻究竟誰是劉××，他笑了一聲，說：「我看到他們牆壁上掛著指揮官叫劉××少將啦！就騙說我很想他……」他繼續在笑，並且比手畫腳起來，「那些兵仔聽到軍頭的名字，都會嚇到不敢多問啦！」一邊還伸出食指搖啊搖地指點著我說：「這樣就對了啦！」

●

啦嘻就是這樣一個人，遇到所有的疑難雜症，他總有一套滑頭的、伶俐的、圓融且帶有心機的奇特處理方式，永遠有獨特而刁鑽的應對法，來處理所有困難的問題。例如：當我的師傅因酒駕被吊銷駕照時，他不知道從哪裡搞到一套「××義警分隊」的反光背心，要那個師傅穿上，還教他要說是在哪一年受傷而退出義警生涯……據說這招居然有用，還真的應付過警察，只是被攔下來念了幾句而已。他也給過我一件不知從哪來的印有「ＴＶＢＳ電視台」的外套，要我騎機車的時候穿著，保平安又省罰單。

他自己有一套完全獨立於社會價值觀的說法，堅持「開爛車穿義消衣，開好車貼立院牌」，蒐集了一堆像是殘障貼紙、立法院和監察院的停車證、警察的反光背心、義消和義警的雨衣、××立委競選團隊的背心等奇怪的東西，還炫耀自己曾經拿假身分證保護外配，現在去那個外配家吃東西免錢。

但他實在是個不怎麼樣的師傅，我遇到的他已經是個活在過去的人，輕浮，做起事情也是散漫無比。

可是，這不是原本的啦嘻。他曾經是個優秀的師傅，在他新婚不久，大約三十出頭時。

景氣差的時候，由於時機惡劣，很長一段時間師傅們是沒有太多選擇的，啦嘻就是景氣惡劣的受害者。景氣好時，他原本的工作是同門師兄請來所謂「站看算工半」的半管理領班，領有一天三千元的薪資，一邊管理調度，一邊計算款項及協助請款。當景氣轉差，由於他薪資較高，又不願意接受降薪，頓時成為首要的裁員對象。

工作被停了，人也因此失意，久而久之，連家裡的工具也開始變賣——從測距儀到墨線儀，最後連「土牛」電動攪拌機都賣了。他還認為師兄、師弟們都看不起他，所以斷絕了和他們的往來。漸漸地，啦嘻失去原本半管理、半帶領的領班地位，成為只剩下勞力的師傅，遠離了原有的人脈，轉換到其他地方去做工。

五年後，他的新人脈無法建立，舊有的人脈也已經斷絕，工作時間愈來愈少，技術也就生疏了，原本一個月可以賺個七萬多，現在只剩下三萬多。大陸來的妻子急著養孩子，到處打零工。為了錢，夫妻倆變得動不動就爭吵。

啦嘻告訴我，後來當他無法養家時，就變得嘻皮笑臉了起來。

嘻皮笑臉是大有好處的，他整天在工地向領班主任借錢，問預支的金額和時間，總可以在嘻笑之間刺探一番，有借到算賺到，沒借到也就繼續工作。這樣的態度使他的尊嚴不容易再次受傷，也能應對諸如缺失和做錯的結果。這方法在面對警察等執法者時，更有上等妙用，一下說姪女在TVBS當記者，一下又說自己是受傷的義消，讓警察多次放水。在營區基地施工時，今天想念指揮官當連長的時候，明天又想起來還欠大隊長一個人情。就連遇到路邊的機車定檢，他也死皮賴臉地換上市議員特助的背心，揚長而去。

窮人必須學會自我保護，這一點，啦嘻教了我太多。

他也不是不努力。家裡住鶯歌，冬天時，他天天騎機車從鶯歌到松山工作，一天兩千二對他來說已經是上等的好事，要養家的人畢竟沒有太多選擇。他必須早起，喝點酒後，逐漸暖著身體一路前往工地。

對於人生的無奈，啦嘻的總結是：「如果可以當醫生，誰人要賣冰。」他這種人，能有的選擇真的不多。

窮人不會有信用，所以他們夫妻倆不管多認真工作，都只能租屋，還只能租在鶯歌。生了孩子的窮人選擇更少，即使再怎麼努力，待遇也好不到哪裡去，還得養女兒。能

預支就預支吧，有啥能做就做吧。大多數的師傅在景氣不好時只能養活自己，如果有孩子，多半生活待遇只會更差而已。

但活著總還有些希望。幾年前，啦嘻突然說要請客，就在路邊的海產攤擺了一桌，去的都是我們這些穿雨鞋的窮酸工人。原來他參加地下簽賭中三星，贏了十六萬，倒是瞧他樂得像是中了威力彩大獎一樣。說真話，我知道他第一件事情就是拿八萬元去還姊姊，聽說他原本是借十萬，過三年才還了兩萬。剩下的錢，他倒是慷慨，吃吃喝喝地沒過一個月就說沒了。

我們問他何時再中一次獎，他繼續啦嘻以對，但是提到他拿了五萬元給太太，說人家嫁來台灣這麼久了，應該要給大陸的娘家一點意思。接著又轉過話題開始講人情義理，就是要我這個工地主任快點讓他的包頭請款，好讓他可以繼續借支。我們依舊哭笑不得，看著進度，加減讓他借一點，他就繼續這樣過著。

我有多年沒見到啦嘻了，前陣子聽一位工地大嫂聊到他，卻對他有了另一番理解。她

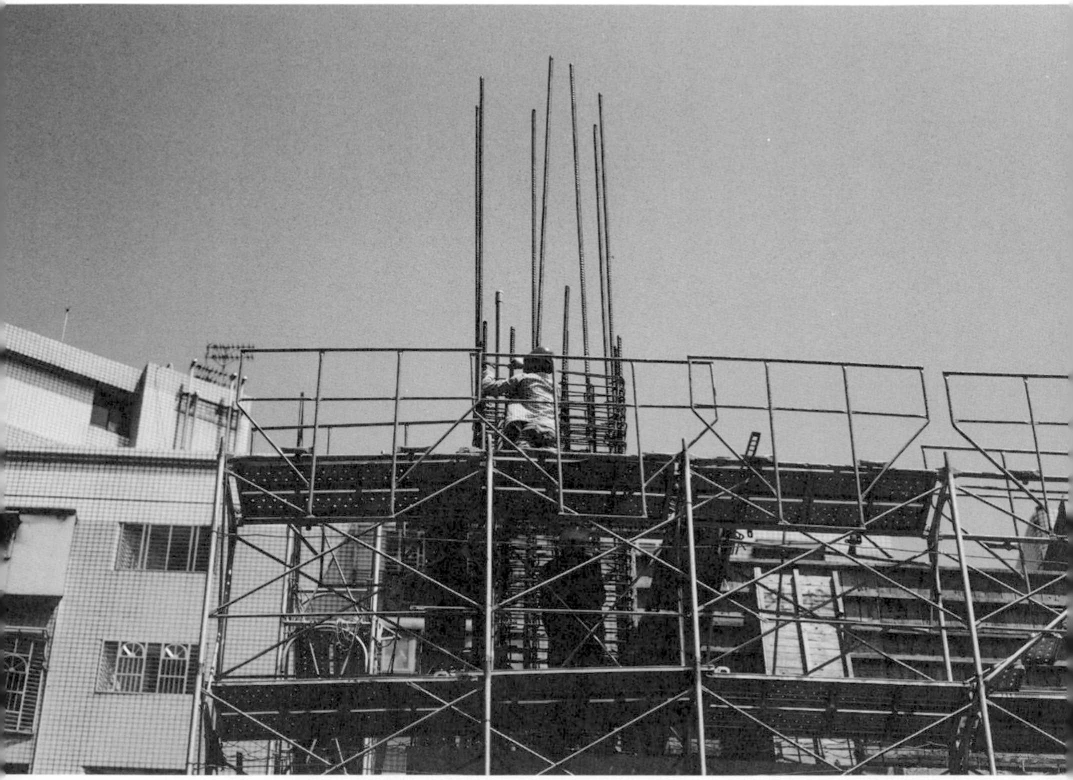

說，啦嘻整天瘋瘋癲癲的，老婆倒是清醒機靈得很，每次都打電話要包頭千萬別讓啦嘻預支工資，以免被他亂花用光光，說是不管怎樣，總要讓她留下固定的一萬五以維持家用。大嫂話鋒一轉，又說起多年前啦嘻簽賭中了三星那一次，他老婆要死要活地才留下五萬，剩下的，被啦嘻半個月就花掉了。「啦嘻現在自以為是老闆，還不是天天渾渾噩噩地在工地混日子。」那位大嫂說。

原來啦嘻的太太聰明，拿了五萬後沒有寄回家，反倒是跑去頂了一個小紅豆湯的攤車，賣起芋圓、湯圓、紅豆湯、燒仙草等甜品，在市場做生意，早市賣，晚市賣，路邊有個停車格也可以去賣，大陸女子的認真韌性實在令人不可小覷。啦嘻沒工作時，會被太太拉著去幫忙推攤車，但有時他會發懶推說要在工地加班。儘管如此，他對外還是說那是「他的」芋圓攤。

工地大嫂口中說著啦嘻，聽起來倒像是在說自己。「反正所有男人都是這德性，明明是自己老婆努力的成果，只要有人叫她一聲『老闆娘』，自己似乎就是正牌老闆一樣。啦嘻也不例外啊，現在他打電話跟朋友聊要上工的事情時，總說自己還是泥作出身，『芋圓攤那種小生意，只好給老婆顧。』」大嫂嘆口氣，說：「就憑他那個愛簽賭、愛喝酒又愛借錢亂花的個性，一個月只拿一萬五，能讓兩個女兒上學？」

我一直沒有再遇到啦嘻，雖然頗擔心遇見了，他又會吵著要借錢，但我有點遺憾一直沒有認識他的老婆。我很想去看看他太太的小芋圓攤。

賭徒

我剛認識他的時候，他就是單身，偶爾會聯絡和我一樣大的女兒，現在這話題已經不再提起。隔了一段時日後再見，他的身材維持著精瘦有力，眼神依舊透澈清晰，不變的還有他總是喝伯朗咖啡，以及一樣在夜裡追逐著刺激。沒了妻子後，更是天天往賭場去。

他總是笑著說自己的偏財運很好，十賭九贏，我倆初認識的第一個月也真的如此。那時我剛領到薪水，一次借給他五千，過了一個晚上，他還回六千，還笑嘻嘻地告訴我：「白天賺千五，晚上賺五千。」原來我借出的五千元成了他跨夜的賭本，讓他贏得近一週的薪資。他又說：「賺錢無師傅，用錢博就有。」接著聊起錢滾錢、利滾利的方式，在他眼中，有錢人總是說什麼投資理財，其實像他這樣帶著偏財運的羅漢腳去賭博也是投資。在他請客的羊肉爐攤位上，同樣的話題一而再、再而三地提及。故事總會回到他的天命上，無論什麼「偏財運」，都有了紫微斗數、七政四餘等命理解釋。他說，像他這樣父親早逝的孩子是個「天公仔子」，注定靠天吃飯；接著又學了防水的技術，這種工作靠天吃飯得緊。

根據他的說法，當年他當小包商的時候，是靠著借高利貸來周轉。那些高利貸經營得很好，不但借你錢，還帶你賭：賭贏了，你當場得到周轉；賭輸了，要再借也不難。賭久了以後，他不管到哪個地方都要去賭場找找「朋友」，同時把票據換成現金——銀行的票得軋三點半，在這裡靠著電話隨時可換。從工程現場收完所有票之後，他就去賭場，在此除了有票可以換，有錢可周轉，還能請賭場小姐開發票幫忙寄到各個公司，從沒有少過一張。

這番話聽得我半信半疑，畢竟工程現場的人說話都誇張。但他確實有偏財運：他不買樂透，可是請他幫忙買的樂透常常有「再接再厲獎」，買五十中五十，買一百中一百，直到他沒空，換我自己去買時，這張樂透才停止輪迴轉世。他與其他師傅不同，會在贏錢的時候，買東西給我吃，另外還會請客，或者細細地教我做防水的撇步。他不嫖妓、不吃檳榔也不抽菸，唯一掛在嘴邊的就是「賭」。

防水師傅的生活極為辛苦，搶的是天候與工期。無論材料如何演變，總歸是在牆面和地面塗上一面隔離層，鋪設防水材料時，一定要先將地面整理至平整，他有各種工具，但最重要的是掃把和

鉤子。至於究竟鋪幾層？他告訴我：「都要看多少錢而定。」

防水的原理，就是用塗料或不透水的材質鋪出一個保護層，塗料得混合溶劑，所以他身上有不少塊顏色不同的皮膚。「那等於用甲苯洗身體啦！」他說。

做防水，最重要的是牆面和地面要乾淨。在上塗料之前，他會細細地用各種方式確定可以施工：有時候是拿著酒精噴燈，在可能還沒乾的地方燒啊燒的；有時候，他說牆面還有水，於是用電鑿往那濕氣最重的地方敲下去，戲稱這是「放血」。

就像是中醫針灸、抓痧，只見他往牆面顏色最深之處刺下，接著拔掉電鑿，拿起噴燈燒起來，邊燒邊對我解釋：「這片牆壁中間『膨風』了，我把裡面先燒乾。有髒水在裡面，誰也抓不了漏。」直到燒得鐵紅了，再轉往下一個長出青苔的裂縫，又是拿出刮刀，又是使用掃把，一點一點地在各個牆面上做起手腳來，像是法醫解剖病理，又像是考古一樣地找出問題。

他曾經帶著外籍移工一起工作，說是要順應時勢，運用便宜的人力來一起賺。移工們喜歡他，但是，每年到了寒流和梅雨季，他就會回到孤身一人——這是賭博時間的開始。

那段期間，他拿著三、四個月的票去找組頭、當鋪，或者以日票、現金票、個人票做周轉。營造業長期以來有各種更換票期的方式，只要票還在你手上，就可以拿一張票換一張票，愈欠愈久，最後他和其他師傅一樣，變成拿票去錢莊。那些錢莊去哪裡找？聽他一說才恍然大悟，就是那些「劉媽媽的私房錢」、「廖老師的退休金」之類的，愈是寫「政府立案，正派經營」的，利息就愈高，借錢也愈容易。

其實他曾經賺過錢的。有一次，他拿了四十萬的票去銀行存，進了銀行之後，卻被當作是去搗亂的。行員沒說什麼，那時候的警衛則不像現在客客氣氣的，一直盯著他看，要他把工具袋交出來，其他客人也側目以對。好不容易存好了票，卻發現車被拖了！他怪警衛不幫他看車，想當然地，又被凶了一頓。「給人賺吧！」他這樣說：「銀行就是一種公開勢利眼的合法錢莊。」到頭來，借一萬，日息五百、七百的地下錢莊反而單純好懂。

都市傳說中，「看起來像是農夫的人上銀行領錢，結果原來是土豪」的笑話，在他看來都只是刺傷。我給他看過這種影片，他看完後，嘆氣說：「真正的工人哪有可能穿得這麼整齊。有這種錢的話，去銀行幹麼？直接打電話叫人處理就好了。」一句話潑了我冷水。

然而，他的話是正確的。買衣服時，他一次買十件，因為防水工程的塗料又毒又臭，抹牆壁的東西一旦沾上身體，結塊後就洗不掉，有的沾黏皮膚後，結塊硬掉了，可以從身上剝下一層皮。

攪拌好的塗料要在最短時間內抹上牆和地，而在拌料之前，必須先將玻璃纖維網貼在轉角處，或是牆面各處可能有裂紋的地方，等到日正當中時攪拌防水劑塗料，在最熱的時候趕著完工，一旦時間過了，整桶的漆泥會結成大硬塊，變成防水師傅所謂的「路霸桶」。

為了避免吸入溶劑的氣味，他在臉上圍了一塊布，熱天也穿長袖則是為了保護皮膚，只不過工作一陣子下來，手上的手套沾滿了塗料和溶劑。

這樣的工作方式讓他全身是病。我燒檔時是他拿藥膏給我，他懂得如何壓制濕疹和乾癬，我才知道本來慣用的酒精原來是沒用的。他還教我：甲苯可以洗掉一些油性膠泥，用香蕉水加其他配方可以去除身上的柏油，有時，他會買冰塊來幫助把身上的油汙弄乾淨。所以他的身上總有深淺不一的皮膚，左手臂的腋下位置毫無腋毛，粉紅色的嫩肉已經脫皮脫得乾乾淨淨。

●

早餐他總是隨便吃，有時候就帶著兩罐伯朗咖啡去工地。像他這樣的人，在天氣很熱的時候是吃不下飯的，喝下運動飲料或是啤酒後，就一直撐到下午，等回家休息、洗澡後，才開始大吃特吃：有時吃牛排，有時候是日本料理，還喜歡吃火鍋，就算是便當也會吃雙拼，然後趁著吃飽了七、八分脹的昏睡感躺下。

只有在下雨的時候悶悶不樂的，他會開始考慮去哪裡，也許是賭博，或者去燒香、逛街等。但如果是到了工地才下雨，他根本不用考慮，乾脆直接去賭上一筆。我問他：「好好的不休息，幹啥要賭博？」他的回答是：人總是不能閒，生來就是要賺錢，日正當頭的時候有好天氣的賺法，壞天氣自然也有壞天氣的做法，接著說了句順口溜：

「偏財運啊偏財運，我下注是因為祢下雨，莊家祢作錢讓我贏。」

但他不可能總是贏，我曾遇過他在拿到工程款後，瞬間將十多萬元賭光，那時，他繼續工作，在太陽底下晒上一天，並問我能不能借一千吃飯。他一個人時，一週只要一千五即可過日子，但他曾賭掉車子、賭掉房子，最後妻子帶著孩子離他而去。他說他是「天公仔子」，日日順心，時時認命，但沒有女人能接受這種前一天吃頂級牛排，後一天欠下十數萬的生活。

所以他只剩下自己一個，偶爾身邊帶著向朋友借調的外籍移工而來。他對這些移工頂好，有移工在的時候，永遠是買雞腿便當，咖啡等飲料也從來沒有少給過。他說當自己認命後，便也輕鬆了。妻子離開以後，他還是會帶著錢去給女兒，有時五萬、十萬的。現在女兒大了，父女只在生日、父親節和過年前一週會見面，對他而言，這就是人生了。

畢竟他始終無法忘卻賭博的快樂，那是他少數的娛樂，刺激而過癮，找不到第二種更好的興趣。他說，在賭場的時間過得好快、好快，和晒太陽的時間完全不同，可以抽菸，可以盡情地下注和專心，還可能不用流汗就賺到錢。在這裡，人們不在意你的身

分和過去，只看你的籌碼與機運。當輸得愈多，贏回來時的快樂比什麼都還開心，那是一種「感謝祢無將我放棄」的感覺，那些贏回的錢無論多寡，都帶有不可知的神諭。

現在他一個人做抓漏、防水，是一流師傅，也是個上癮的賭徒。有時他到台北工作，會來找我，請我去吃他愛的活蝦、活魚。另一些時候，他賭輸了，來借個三千元過日子，同時跟我說他已經收斂了，現在一個人，無論怎樣也害不了家人。

如今他年紀也大了，但我直到前陣子才知道其實他沒有離婚，那是唯一一次他沒有強調自己的偏財運，只提到女兒大學畢業了。

他到現在還是一個尋求神諭的賭徒。

阿爸欸工夫

昌哥屬於第一流的鐵工，估價時，針對材料和工具都極為精確，都自己一人確實丈量空間後，才願報價。我來到他的鐵工廠閒聊，研究起他正準備引進的新款砂輪片，這種砂輪片因能夠「單片斷型鋼」而在網路上引發話題。幾個師傅在旁拋光不鏽鋼。這時，有個看似剛退伍的年輕人進來工廠，並拿出一罐罐飲料熟稔地招呼起大家，昌哥告訴我，「他是另一家鐵工廠的少爺。」

年輕人走到我們身邊，剛好聽見這句話，直接表示他覺得用「少爺」這個名詞並不好，「我比較喜歡說我正在接爸爸的工作。」他今天來昌哥的工廠是為了拿新式的拋光機。

有個問題一直放在我心裡，現在剛好可以問問昌哥和「少爺」這上下兩代。「為什麼像是工地的專業師傅，或者路邊的老店、麵攤，在兩代交接的時候總能得到社區的祝福和肯定，社會也多認為這樣的接班妥當；相反地，公眾領域的二代接班總會被批評，私人企業的下一代接班人也會被貼上『富二代』的標籤？」

聽了我的疑問，「少爺」回應：「我們這種賺的錢少，又沒有人要做啊！」昌哥則接話說：「是因為這些工作又辛苦又累。」兩人你一句我一句地討論起來：

「因為有職業病。」

「因為連二代都不想接班。」

「因為覺得做工沒地位……」

身為鐵工前輩的昌哥認為，如果是木工還好，木工有較長的歷史，技術、工具等也都有比較完善的進步，若換成泥作工或鐵工，就很可能被看作只是出賣勞力的工作，更辛苦的還有板模鋼筋工，「有些人真以為只要有力氣就可以做工啊！」這句話聽得「少爺」和我連連點頭。這種話題在工地師傅之間是聊不完的。

眼前是白手起家的師傅和即將接班的「少爺」，我突然想到一個極佳的話題，便問：

「那接班會有什麼問題？」

一樣，聊起「兩代之間」，兩人的話匣子就停不下來。

昌哥說：「我真的不曉得要怎麼教兒子。」

「少爺」則表示：「如果連下班後都要看老爸，我會累死。」

昌哥沉默了一下，接著開口說：「做我們這個都會有職業傷害，孩子要是能做別的，還是由他去吧！」「少爺」聽了，也若有所思地回應：「可是如果不把這種技術接下去做，也是可惜了。」

類似的對話，我在別的地方也聽不同工種的師傅聊過。曾經有位楊師傅告訴我，他敢講自己的技術絕對是台灣頂尖的，但他很了解自己會教師傅，卻不知道怎麼教兒子。他搖搖頭，說：「自己的經驗說多了，兒子聽起來也煩。有時候我們吃過虧，知道這樣他可能會吃虧，但不知道要怎麼讓他懂。」然後半開玩笑、半認真地說：「技術可以教，但是要怎麼應付你這種監工，我還真的不知道要怎麼教。」

昌哥的工廠裡堆滿他的作品，即將成交或者訂製的精緻工藝技術盡入眼底：沿著接縫處細細堆疊滿銲的不鏽鋼造型裝飾，他的兩個師傅正在拋光，砂輪機的聲音此起彼落，規律地磨去每一道接縫。他拿出從淘寶網買來的鋼刷機，半炫技、半教學地往下壓，霧面的不鏽鋼被拉出一條一條細細的髮絲紋，又像是松阪豬肉的油花。他笑著告訴我，這台機器他已經上手，一台兩千值得投資。在台灣開始吹起工業風的這個時候，它的仿飾刷毛，未來必定會有獨特市場。

「少爺」來找昌哥聊是因為家裡雖然也是開鐵工廠，但是他爸爸的經營理念跟昌哥不同。昌哥擁有高知名度，較能夠自行選擇接案，對於業主所用的材料也有較高的議價空間。相反地，有些規模較小的工廠並不見得可以「轉型成功」，在景氣下滑時，較守舊的經營者受到過去「工廠接多一點才會賺」的觀念影響，很難聽年輕人的建議，這樣的二代經營者不但要面對父親，還可能必須同時說服在工廠工作多年的老師傅們，這也是「少爺」未來的挑戰。

昌哥工廠的不鏽鋼準備要進烤漆廠做「氟碳烤漆」。和以前的「粉體烤漆」相比，氟

FAND SP

碳烤漆的技術能抵抗室外的氣候，對顏色和光澤都有較好的保護，這在第一年還看不大出來，經過五年以後就會有明顯差異。「少爺」說他爸爸已經教他如何辨識了。我的工地經驗不算少，但至今仍舊無法在短時間內分辨這兩種烤漆的差別，畢竟做十年的監工也不可能比做十年的鐵工懂，何況在工地現場，師傅們無論工作經驗、專業能力或是人生閱歷都遠比我來得多。

當兵時，我是管工程的。軍方的工程瑣碎又難搞，測量儀器未經申請，不得攜入營區，我擔心營造廠的老董和兒子沒了測量用的水準儀，那要如何抓水平。正當我焦頭爛額地煩惱如何申請水準儀進入營區時，只見兩人拿出一條極長的透明塑膠管，在管中注滿水後，一左一右地看水管內的氣泡高低作為標記——老董並不知道這叫「連通管原理」，只知道這種技術在戶外工程極為好用，他稱為「透明管水平法」，他從很小就知道要這樣做，接著兒子也跟他照著做。

社會大眾對於「選擇做工」的誤解，多半從教育現場就開始。我讀書的時候，老師們總說：考不上高中的人才去讀高職；公立高中比公立高職優秀，約略等同於私立高中；連私立高職都考不上的人，才去做工。

這也是我身邊幾個接班師傅的憤慨。他們大多數是依循父業，繼承手藝，但這社會對此有極大的誤解。事實上，透過家庭或家族取得謀生技藝的傳承方式有數千年之久，反倒是透過學校得到謀生技能的現代教育歷史相對短得多。無論社會環境如何變遷，或者大眾多麼重視學歷，衡量一個人的標準依舊是「能否自力更生，養活自己」。

若父親的手藝工夫能夠養家，並且確實有精密的學問，下一代為什麼非得追尋在他的生活經驗中不見得熟悉的學歷呢？學歷或許可以改變一個人的階級，有助於在社會上取得優勢地位，但又對現實生活有何幫助？我的師傅們曾告訴我，這社會上的學問分為兩種：一種是用來實質地幫助他人並且改善生活，像是更換馬桶、維修熱水器等；第二種則用來表示自己是菁英分子，高人一等並且可以期待掌握權力——很顯然地，這些家中從事工程或者基層工作的人們，根本不吃這一套。

傳統產業成為家族事業的機率極高，兩代身在同樣的產業中，彼此溝通更容易，做決策也更有效率。而一代總是有比一代進步或者具備的優勢，我接觸的幾個「少爺」的確因為家庭的原因，專業之路走得順遂許多，比如可以向自己的家族尋求經驗協助。在傳統產業裡面，所謂真正的捷徑其實只是不走冤枉路而已。

傳統上有所謂的「三年半出師」，與其說是師傅花三年半將技術和手藝傳授給徒弟，不如說連師傅自己也不知道該怎麼教、該在什麼時候教，以及該用什麼方法教，所以乾脆讓學徒待著看三年半，等到三年半期滿，會遇上的工作應對及人際往來大概都理解了，徒弟才能夠獨當一面。

台灣的師傅多是苦學出身，這些掌握了技術、經驗的老師傅和老領班，或許本身技術精良，手藝純熟，但是面對學徒或員工時，往往不知該如何教起。倒不是他們要藏私或者真有其獨門奧妙，而是面對一無所知的學徒，加上生活經驗無交集，不曉得如何互相理解，這些繁瑣而複雜的專業技術，就只能留待與學徒之間互動熟悉後，才有辦法傳授。

家族的二代對這些專業能力則是從小耳濡目染，就業時，自然享有更大的優勢。只不過，壓力也在此。對父親來說，自己的家人嘛，不管說什麼都難以拿捏分寸，尤其自己是老闆，對兒子稍加寬待，不免擔憂被師傅們或是同行指指點點；對兒子的要求增加，又擔心背後的閒言閒語更多。「少爺」告訴我，他進了家裡的工廠做事之後，也常常需要和父親溝通，才能夠稍加改變父親「省錢至上」的舊觀念。

許多師傅確實以自己的手藝為傲，那可能是獨門技術或是過人天賦，但是一個完整的產業，自有其特殊的人際管理方式或是應變對策。

我是這麼想的：當一個專業工作者能夠以他的技術能力及專業改善他人生活，他能夠做出精準決策，並且在家中有優秀的顧問，他經過自己的家族事業中，老一輩的叮嚀與關照後，依舊有合格的表現，並且在地方或者社會上有所貢獻且被看見，當他有辦法理解到材料、工具以及相關的人際關係時——無論社會是否給予保障，他都很容易被社會所需要。

我仍舊在尋找面對基層勞動者的子承父業，社會卻少有人批評的原因。

我想這是傳統產業的魅力之一吧，即使這世上最重要、最直接影響並且改善生活的技能總是賺不了大錢，可是，父子代代相傳的技藝本身就值得回味。

前途

孩子終究是入獄了。老王逢人就痛罵兒子，罵不學無術，罵不知感恩，罵不求上進……罵得愈多、愈重，外人就愈不會提起。等我們都不再提起這件事後，他幽幽地說：「出來再從拿土捧抹水泥重新學起吧……」

孩子在臉書上的最後一篇發文是二〇一六年，那時，他貼出了一張抽菸的側臉照，背景是一台新機車，整台車鍍膜又上蠟，亮到發光，貼文中寫著「養我二十年，給爸爸一個禮物　#父親節　#爸我愛你」。聽說後來老王很寶貝這台車。

點進去訊息頁，我和那孩子的訊息停留在二〇一四年，過年時，我們互相傳了「新年快樂」的罐頭訊息。

再往回推，那些年的回憶鮮明，畢竟我和他的父親共事了半年多。

那陣子的行程是：我晚上去學校領取鑰匙，拍施工照片，等待老王。有時他載著剛放學的國中兒子一起來，他工作時，我就帶孩子去網咖殺時間；有時孩子和朋友出去玩，晚點則帶著消夜、飲料到學校來陪我們，偶爾會騎我的機車在夜晚的校園裡兜風。老王通常做到凌晨才休息，我們再將鑰匙交給在校門口等著的替代役男。直到學校開始放寒假，他才能真正在白天趕工。

記得有一天晚上，我帶著孩子要找家網咖殺時間，附近有兩家網咖相鄰，我還猶豫著要去哪一家時，他倒是熟門熟路地給意見：「這家是新開的，比較好。」我們兩人的晚餐就是在網咖點了一人一碗泡麵加蛋。我先吃完，得趕回學校去看他父親貼廁所地磚的進度，離開前，幫他買了遊戲包台三小時一百元送大杯可樂，另外點了雞排。

老王還在學校裡，那是他和兒子的國小母校，如今因為少子化而連年整修。愈老的學校愈是資源稀少，校舍殘破，偏鄉舊社區的小學逐年減班，這些老學校沒有資格向教育局爭取經費，只能在地震後，一次一次地申請整修。整個學校每年、每學期，甚至每個月都成為工地：今天修廁所，明天修漏水，後天在操場種下兩、三棵樹。基層第一線的教師們兼校務職員，一會兒辦理核銷，一會兒進行驗收，耗盡精神。

那幾年，大家瘋搶公共工程，自二〇〇七年以後，所有的公共工程只要價低者就可以得標，許多爛尾工程因而接二連三地出現。公部門所謂的「撙節開支」從來就是找最弱勢的單位開刀。有聲音的明星學校不怕沒有資源，反而是老舊的國中、國小，建築結構和設備早就不堪教學使用，以專業的角度來看，這些校舍都有問題：樓梯窄小，電力系統老舊，空間侷限，缺乏無障礙設施……無論從任何方面思考，都應該蓋新大樓，無奈由於人口減少，老學校逐漸凋零，優秀的青壯人口往都市去，學校新收的學生大部分出自於弱勢家庭，因此，很難要到資源。

教育局的標案委託建築師，卻盡做一些教人不知從何說起的工程，例如：前年做結構補強，去年來個電力檢查，今年更換門窗，明年可能是改建廁所，再過兩年來換電力系統。每年在寒、暑假前招標，工項單純、專一，並期待工程搶在兩個月內完成。

以一所學校來說，這種修建策略在初期幾年有效，但是等過了幾年以後，這些工程成

為拼裝，加上學校急著修漏水、換門窗……將急需做的工程也納入後，多了各種設備的零碎更新，利潤自然減少，造成包商逐漸退出，更卡在預算限制和公共工程的各種繁瑣手續，幾乎沒辦法在暑假或寒假的期限內完工。這樣一來，營造商難以調度人員，開學後還必須配合學校作息，為了補回多耗的時間成本，只能將付給施工者的工程款壓低，並影響到施工品質。留下來做的師傅幾乎都是沒什麼轉業可能的年長工人。

老王就是這樣。

一整個月，學校先是有大型活動，接著是一場大考，平日老王幾乎是被迫休息，成了週休五日，只能搶在六、日趕工的師傅。除了鋪全校廁所的地磚，他還承包泥作，因此這對他等於是雙重打擊。又因為學校急著要啟用廁所，接下來要配合水電師傅的進度，他只剩一天就得將地磚鋪貼完畢，但也只能在大考的最後一天，等所有人都走光後進場，能做多少算多少。他需要這麼做，以賺取本來就為數不多的工程款。我也要他這樣做，好當作為他計算工期的籌碼。

鋪貼瓷磚的工資不差，如果順利的話，一天應該會有四、五千元的收入，但那是一天可以工作八、九個小時的狀況。像這樣只能從傍晚五點開始，光線、視線跟白天完全不能比，不管怎麼做都不可能有白天的速度，花一個工作天卻可能只有一千多元的進度，老王承包這件案子以過個好年的希望必定落空。家長、校長、議員等人擔心學生的安危，動不動就希望工程「配合學校」，但他們無力改變工程總價或追加預算，在進度落後的情況下，工期拖得愈久，老王賺愈少。

我也必須要他加班趕工，因為若他在夜裡繼續鋪貼瓷磚，我多少可以用強大的底氣去對學校嗆聲：「師傅都已經配合做到晚上十二點了。」這種工程不會順利的，我必須押著他做完，有做才有錢；他必須在夜間施工，接著才有能力向學校討價還價。

●

學校的老師偶然和我閒聊，說起老舊社區的這所小學裡多了許多「新二代」，老王的孩子就是。

那些年，從中國進口妻子的情況愈來愈少，流行的是越南女孩——標榜越南女性如何刻苦耐勞、毫無物欲的各種婚姻仲介廣告詞不計其數，許多的「老王」就這樣娶妻生子，完全忘記了接下來在婚姻中可能遇到的衝突和矛盾，比如：孩子的教養問題？新移民的工作內容？兩人是否可以一起生活？短短時間就生孩子，夫妻是否可以調適？即使夫妻倆都是台灣人也可能面臨婆媳問題、相處問題，還有經濟分配及家事分攤等問題，但那時候在婚姻仲介的鼓吹下，全部簡化為「越南女生來台灣會很努力，很幸福，很珍惜」的說法，給大家洗腦。

那時候，老王沒有想這麼多，等妻子離開回到越南後，他才開始為此而煩惱。

他曾告訴我，他覺得現在的老師都變了！他去學校，要老師放膽教孩子，不乖就盡量打，卻被老師訓斥一頓，說那是太落伍的教育觀念。他說不過老師，也無法理解他當年拌水泥、切瓷磚時被自己師傅痛打的經驗，為什麼已經被時代淘汰了。

老王是愛孩子的，卻不知道該如何教，只是強調自己多有責任感，沒有不要這孩子，這種說法卻引來孩子的反感。

一方面，他給孩子錢出去玩，自己省吃儉用，一方面忍不住整天碎念孩子不喜歡讀書，又不願意找個工作做……父子之間既然沒有話可以說，那就只剩下給錢和碎念。

其實，孩子不是不懂。那時老王夜間趕工，孩子跟我在網咖打電動，直直盯著電腦螢幕，幽幽地說：「我爸白天剛好去掛眼科……老了，就是這樣。」

我不知道該如何回答。

那段時間，我常和他在網咖一起打電動，他的暱稱是「叫人趕工的都去死」，選的角色拿著武士刀、平底鍋、球棒、衝鋒槍等各種武器，往遊戲裡的喪屍殺去，螢幕左方閃現的小字不斷在變化：「叫人趕工的都去死殺了Charger」、「叫人趕工的都去死殺了Spitter」、「叫人趕工的都去死殺了Smoker」……這是一款限制級暴力遊戲，喪屍的手腳被炸飛，血肉淋漓，玩家從屠殺中得到快感和發洩。遇到大魔王時，他還會叫出不同的名字，更是奮力殺敵，像是：「××主任去死！」或者：「幹他媽的公務員！」「幹死條子上吊臉！」

現實世界中的困境，孩子無力抵抗，只能在虛擬世界裡將壞人殺死洩憤。

網咖裡，還有其他像他一樣的少年。這群孩子的故事相去不遠，父母有的上夜班，有

的是駕駛長途車，而待在網咖裡打電玩成為他們發洩的最好去處，幾款熱門的遊戲玩膩了就換，直到包台時間結束，有時打得精采，結束後還回頭交換心得和感受。他在遊戲中如魚得水，全然不像他爸所說的「沒救了」，相反地，他在戰略上表現得聰明伶俐，不時還帶領著其他玩家大殺八方。

有一次我們大殺了一陣，破關後，他問起我薪水多少，我回答：「三萬二。」

他突然嘆了口氣，說：「上學是最浪費時間的事。」

他已經放棄數學了，現在還願意去上學，純粹是因為學校離家比較近而已。在他看來，繼續讀大學不會有什麼前途可言，他指指在網咖櫃檯工作的乾姊，說：「我乾姊的學貸已經四十萬了。等我讀完高中，等於可以買一台中古車。」

「那你的學貸是多少？」他又問我。

「二十六萬。」我想，也足以買一台中古車了。這孩子的感嘆，也是我的感嘆，而且我絲毫無法給予任何建議。

老王的工程在過年前告一段落，我試圖為他多請些工程款，但東扣西扣後，三個月他賺不到十萬。

驗收的當天早上，老王不斷地喃喃說著自己是如何努力地工作，如何費神地在夜間施工，為學校的整修工程付出：「為了讓瓷磚對縫，我從進門就開始貼了。」「建築師設計的時候，沒有考慮到綠色馬賽克磚的厚度比高亮釉磚薄了兩公釐，當初我把每片瓷磚都再加厚過喔！」「樓梯間當初設計的時候，沒有計算到玻璃磚的磚縫要加兩公釐，整面下來差點沒辦法做，還好我發現了，請我換帖的兄弟先做玻璃磚……」他說得很勤，卻沒人理他，周遭的老師們和總務處人員只是「嗯」、「嗯」、「喔」、「喔」地回應。

最後我請老師們進會議室去聊，自始至終，他都在會議室外蹲坐著等待。

我在會議室內拿出一整疊厚厚、重重的施工照片和文件，那上面有師傅們工作的樣子，也包括老王。學校的老師們喜歡看這些照片，聽我聊做工程時的故事。老王的話說得太急、太零碎，沒有人要聽；老王的衣服太破、太舊，沒有人要看。但是當老王手寫的，那些帶有摺痕且沾上泥水的日曆背面數字被我敲進電腦後，印成的EXCEL報表看起來很棒，學校很欣賞。

驗收後的那一晚，在學校裡，孩子邊聽父親吹噓，邊拿著刮痧板為他刮痧。驗收通過後，更沒有人要聽老王說話了。後來，我知道孩子寒假找打工，去了洗車行，在冬天寒流來的時候洗車、打蠟。原本一直希望兒子跟自己學貼磚的老王，那年喝得更多。

那場工程之後，老王的身體愈來愈差。而一年後，我終於受夠了公共工程而離職，去找老王時，他沒有工作，家裡電視的第四台播著周潤發的電影，桌上有一組喝空的三洋維士比。

孩子國中畢業後，沒有再升學。那天，剛從洗車行下班回來的他買了便當回家，閒聊之中，他告訴我洗車行也開始廉價競爭，他考慮去開車送貨，他的幾個同學則去做八大。聊到他們洗車行的門前停了許多台名車，車主全是做娛樂事業的，年輕的孩子看著我說：「這世界就是這樣，學歷、技術都是假的，有錢賺才是真的。我想讓我爸早點休息。」

那孩子的臉龐清秀而堅定，而我無話可說。

路邊的陰德

離開學校出社會以後，我發現身邊的人似乎都異常相信「陰德」這種事。有些人難以理解：為什麼在文明昌盛，科學先進的現在，還有大量的人信奉傳統信仰？說台灣人迷信的人，根本沒想過是因為現實生活一無可信。

過去有人這樣問過我，我的做法是要他去工地累上一天，就能知道台灣勞工即使是努力到了自行開業拚搏以後，退休也不大可能安然無虞，長期下來還是養兒防老，多在社區、家鄉行善。大家會有一種「今天你幫我，我幫你」的獨特想法，甚至有些師傅有自己的邏輯，戲稱為「大水庫理論」：一方面藉由審判時的改判以及政治介入，笑說有錢時要多幫人，運勢、風水是輪流轉的；另一方面是說當身邊朋友有難時，不給予幫助，會被大家看不起。

事實上，勞動工作者的身體狀況約略是在三十多歲時達到巔峰；多數的人會在四十歲前習得一技之長而出師，一直到五十歲上下，是所謂事業拚搏的黃金時期：這時候的經驗與技術增進反應在工作表現上，可以彌補體力下降時的病痛和內傷。只是隨著環境不景氣，多數的師傅並不見得可以拚搏到黃金時期的收入，我所觀察的工地勞動者中，大多數都有追求信仰的習慣，或者在工作青黃不接時，去尋找宮廟參拜。

這樣的拜廟還有其實用性。我有一對夫妻檔師傅，先生的脾氣極大，工作一忙起來，稍有不順就發悶氣，搞得大家情緒緊張，心情不好。他們夫妻之間的解決方式就是前去廟宇參拜，大殿三炷香，手中喃喃有詞地念幾句：「保庇挖牽手欸身體轉好，保庇咱豪豪考上警察好好做，以後麥呷苦。」另一半在旁邊聽了，就算再氣也能消火，接著到宮廟旁吃一吃美食，好像就這樣和解了。隔兩週，他繼續在工地開罵，我們便虧他應該要再去拜一拜，無形中助長了傳統信仰。

這些傳統信仰的儀式雖然看似迷信，但我認為是真的有用，而很可能用途並不在儀式本身。當所謂運勢不順時，其實非常有可能是過勞或者體力不佳，精神難以集中。現代人會說應該要適度放鬆，但在工作現場，每天都趕著做出成品以及固定的數量，做愈多賺愈多的結果是每個人都過勞，少有完整的休息時刻，總要到了「運勢不順」後，連續花個幾天拜廟，開車前往北海岸兜風、前往三峽白雞轉換心情，吃吃當地的特產，帶點伴手禮後分送親友，自然也改換了運勢。就算是市區內的宮廟附近也有大量按摩店、美食攤，讓人盡可以在紓壓後，改換心境。

我至今仍舊不知道積陰德的定義，有些人說拜廟進香是積陰德，但我更喜歡另一些方法：他們相信「眼見為憑」，要親眼看到需要幫助的人，才願意捐獻或是贊助。這種方式有些是用在鼓勵路邊街賣的，或者那些「地瓜媽媽」。近年來，師傅們愈來愈少捐獻香火，除非宮廟在自家旁邊，平日就在做好事並且自己看得到，否則現在流行的是幫助那些領有公益慈善組織背心，在街頭做起小生意的人。

源模板
百益工程

這種新方式不知道從哪裡生出來的，但在短時間內就影響了我周遭的人。台灣原本就有在市街上賣口香糖等小物的「甘苦人」，市街習慣他們，也和勞動者的生活環境重疊，過去甚至就出現在宮廟門前，只是在千禧年前後那時，大眾認為真假難辨，加上各種都市謠言興起，難以判斷是否應該要給予支持。直到近年來，由各基金會或者是公益組織、社工等協助的方式被確立以後，這些街賣者才開始去汙名化。

這也讓積陰德的方式有了變化，我開始觀察到大家除了拜神以外，好像理所當然地認為買這些穿有組織背心小攤商的商品，也是一種積陰德的方式，於是，開始有了「路邊的陰德」說法，有時是地瓜，有時是濕紙巾。有一次，幾個師傅們還告訴我，如果哪天他們「落魄」了，也要去穿這樣的背心，走上街去自賣營生。他們說：「我有記得他們基金會的名字，『人安』嘛！」

那天，我和賣涼粉的朋友坐在她店裡瞎聊笑鬧，剛好有個街賣者經過，她便要我多買一點，說反正我們人窮命賤，趁現在還有能力賺錢的時候，積一點陰德，由於我信耶穌，更應該積「路邊的陰德」，以防備我們兩人老後無子，還能夠投靠社政單位收容。於是我買了巨輪協會三百元的街賣品，也叫現場的朋友們一起來買，笑著說：「我們賤命，買一條藥膏和滾珠永遠不夠用，一起來從痛風買到中風吧！」一群人胡鬧訕笑一番。

沒想到，坐在輪椅上的大哥笑著認真地對我們說：「積陰德幫我們的人，會有好報的。」

我至今都還覺得自己被這句話祝福了。

HINO
HINO

口琴的聲音

他叫「五個字」，年紀跟我差不多，但看起來比我大上十歲。他的姓名總共有五個字，所以大家就直接叫他「五個字」，我到現在還不曉得他到底叫什麼名字，也只知道有五個字，反正工地現場諸如「小林」、「目鏡欸」、「肉咖」、「黑皮」、「阿肥」，這種叫了一輩子綽號也不一定知道名字的狀況比比皆是，所以大家不在意。

「五個字」是原住民，和很多原住民一樣來自山區或是東部，與幾位朋友、家人到了工地現場後，成為綁鐵的師傅。我沒有跟他們說上太多話，即使是現在的台灣，包商頭兒是漢人，底下是原住民的情形依舊比比皆是。原住民在工地現場多半從事需要

「晒太陽」的粗重活，並且集體工作，久而久之，不少人都認為他們喜歡晒太陽，並且特別適合晒太陽。

這種因循而生的差別待遇比比皆是。

●

有一次，工地來了幾個幫忙拆模的「普攏拱」，手腳三流，一早做起事來怨天怨地，到了中午訂便當時，則硬要開族群玩笑。有個吵著要吃山豬肉便當的自以為幽默地說：「我如果也吃了山豬肉，就會和他們一樣厲害的啦！」「五個字」聽見了，直接就要衝上前揍人，於是，一方拿著鋼筋，另一方抓起鐵鎚，我們當然趕快上前勸解！經過一番苦勸後，總算拉開了兩人，結局是：幾個臨時被調來拆模的惱怒地離場，留下「五個字」在旁繼續罵：「你找不到人拆，我來拆！」「開這什麼玩笑？一直開，一直開，很好笑嗎？」

那時是八月多，正屬於最難找工的日子，所有的老闆都在喊缺工。儘管「缺工」是大家每年從頭喊到尾，然而，台灣勞工也只有在寒流以及酷夏時節才真的會休息，台灣八月的天氣能烤熟所有的東西。

隔天，那些「普攏拱」真的沒有來，「五個字」他們默默地把會妨礙到自己搭接的模板拆下，我在旁拍照，同時撥電話幹譙板模大包商，他反而跟我抱怨好不容易才把人請來，結果被嚇跑了。

我掛上電話時，發現「五個字」在盯著我看，過了一會兒他才開口，說：「小林，我比較喜歡你講國語。」

「啊？對不起，我跟他們說話會習慣性用台語，比較順。」

他笑著對我說：「我知道，但我其實不喜歡聽你講台語。」

「為什麼？」我驚訝地問他。

他的回答，我至今仍記得。「閩南語，或者說台語，講到原住民都不好聽。」他直直地看著我，「不信，你說說看。」

我愣住了。在我平常使用的台語中，關於原住民的說法多是「番仔」、「山地仔」，但這些說法，我不會在「五個字」他們面前講，只有和別人以台語對話時，才會不自

HINO
HINO

覺地脫口。仔細想來才發現，我剛剛沒注意，「山地仔比你那些普攏拱好多了」這句話脫口而出。

我無語回答，而他也只是笑笑，沒有再說什麼，回頭去拆他必須先拆除的模板。

「五個字」和家人們來自東部，我只知道他們月底時會回家。綁鋼筋的老闆因此對我和我的老闆抱怨連連，說：「這下連原住民都不綁鐵了，台灣要完蛋了！」這項工程是公家的，不能用外籍移工，而台灣人更是不願意做這種公家機關的爛價錢工作。大家都曉得，「五個字」他們只是在老家舉行慶典前，來幫忙趕點工的。

原住民往往是其中一個人有了車，便帶著家人、朋友們一起在工地生活。不過，由於許多技術工作都得靠地緣或是血緣來拜師、傳授，因此，這些晚接觸工程相關技術領域的族群，只能進入較為勞累的工作項目：模板、鋼筋、鷹架、灌漿、防水和柏油。他們在工地，時常必須付出雙倍的努力才能獲得更好的機會。但悲哀的是，這些努力後的亮眼表現，有時卻成為對他們既定的刻板印象，認為原住民只喜歡晒太陽。「五個字」曾告訴我，他來學綁鋼筋是因為當年家人只有做綁鋼筋、搭鷹架才存到錢。他的叔叔在漁船上工作三年，賺的還不如綁鋼筋一年。綁鋼筋不用簽約，跟著工頭也不用怕被老闆騙去隨便簽名，讓日子難過；工廠的老闆會騙人，開船的漢人也騙人，政府的工作更是騙人，只有他靠雙手釘模板和綁鋼筋的爸爸，有能力多養叔叔的孩子和兄弟們。

更可笑的悲哀則是，願意綁鋼筋的原住民如果發現老闆不給錢，「只要」被騙一個月就可以跑。

我向「五個字」問起他的叔叔們。他說，有一個叔叔很可憐，跑漁船跑了一年，終於見到家人一次，就不想再回船上了，但因為找不到工作，最後還是得回去，跑一趟船又是一年……早年的漁船船東會欺壓原住民，以低於基本薪資許多的待遇，誘騙原住民上船工作，直到台灣社會開始認真地重視原住民時才有所收斂。船上的人看他叔叔是原住民，就隨便找個「原住民什麼都要教」的藉口亂扣帽子，少給工資。教育程度不高的漁民們把族群歧視看得理所當然，毆打他叔叔時還加上對原住民的羞辱字眼，諸如：「是我們給你們這些番仔工作！」「番仔很難教……」

另一個叔叔的情況好一點。雖然他是在快退伍時，被長官騙著簽下「自願從軍」而跑不掉，但是在軍隊體系熬久了，總也獲得善待，國家對他沒有比較差，至少退伍後多了一台小廂型車可以開。

整個家族，只有「五個字」的爸爸去幫忙扛鋼筋，被老闆欺負、剋扣薪水後離開，跟著下一個老闆搬鷹架，做一年後又換老闆……愈換，技術就愈好，現在和兩個兄弟一起做。「五個字」的雙手粗壯，拆起模板時的速度極快。他的父親和叔叔們則另有擅長：拿著紮鐵鉤爬上爬下的，蹲著身體、彎著腰，先把鋼筋綁好後，接著靈巧地綁起牆面、窗緣的補強鋼筋——這些鋼筋在綁紮時有一定的「眉角」，既不能綁得太緊，否則會讓鐵絲斷裂，但也不能過鬆，則毫無固定功能。

他爸爸曾說，這樣子至少家人們都在一起，能跟兄弟們一同工作，還能帶著兒子在身邊，這總是好事，不像以前等著放假才能團聚，要等好久、好久。

至今回想起來，我才發現自己並不曉得「五個字」確切來自哪裡。是花蓮的什麼鄉

嗎？還是台東的哪一個山區？或許他也不願意告訴我吧！有些原住民離鄉許久，在漢化過程中，逐漸與故鄉的家人失聯了。也可能即使我多問也是沒意義的，漢人遇到原住民時，經常帶有不經意的優越眼光，像做研究一樣地亂問一通，也不管對方是否同意被那樣查問；或者如同我，在平日的台語詞彙裡面，找不到能讓他們接受的方式。

這些師傅遠離了故鄉，逐工地而居，如果他們是漢人，可想而知會有更高的待遇。綁鐵、箍筋、拆模的工作危險而辛勞，他們依舊堅毅，整群人工作的時間從未遲到，準時開始自己分內的工作，自持自守，唯一的娛樂便是汽水、檳榔和香菸。「五個字」告訴我，他們整個家族裡有一個女孩特別會讀書，是他姊姊的女兒，或許有機會當上老師。而在他們同輩之中，也僅有少數幾個人有上公立大學，剩下幾個就在我眼前，用自己的雙手綁著鋼筋。

我不禁懷疑過去學校所說對於原住民的考試加分補助，究竟是否有用。當年我讀書時，學費全是以助學貸款繳的，雖說大部分的零用錢都是自己打工所賺，但我只需搭一班公車即可到學校。「五個字」喜歡休假回家，但他是少數不喜歡搭巴士的人，因為搭巴士永遠要轉乘，一台接著一台。他說以前回家前，會一次去買個六、七張車票；現在學聰明了，大家擠在一台車上，搖啊晃地一起回去，還能順便問問家裡有沒有需要什麼。

這種感覺陌生卻熟悉，多年後，我在菲律賓女工的房間也看到蘊含這樣意涵的紙箱——滿滿的是離鄉的她們要寄回家的禮品。

但也因此，我對於他們返鄉過節這件事又不完全樂觀。「五個字」的叔叔便告訴我，每一次回鄉，都可能將數個月存下來的積蓄花費殆盡：在電話裡說不清楚的借錢理由；回家後，因為親眼所見而動容心軟；那些失業的、不好過的朋友或者親戚前來時，總不可能全部拒絕……但錢借出去的永遠比賺來的快。

我問起他們：「為什麼這樣還要借錢？」

他們的回答倒也乾脆：「啊他就是真的需要錢啊！」

那天，老闆發工錢給他們時，多念了幾句：「要快點回來。」「少喝一點酒。」接著轉身跑回辦公室抱怨「山地仔」放假回山上，工程進度會延後。這時，我突然聽見口琴聲——「五個字」他們在車上吹起了口琴。也才在那一天，我發現他們會樂器。

我始終不知道「五個字」姓名的那五個字，究竟是什麼。他說如果我真的要知道，等有一天去部落相見時，他才會告訴我。

Arai

他在家

那是一個更生人的家，所有的牆面似乎都有一層厚厚的灰垢，多年前的亮光漆更突顯了壁癌和牆面的歪斜。我來這裡純粹是因為他借了我的工具，約好今天歸還。

工地和這個社會沒有人理他，連他哥都放棄再度踏入這裡，我踏入此處，也感到空氣的混濁與沉悶。整個社區都充斥著壁癌和不同程度的悶臭，巡邏箱歪斜、爬著蜘蛛。

我照著他哥的簡訊來到此處，還不曉得電鑽已經被他拿去賣掉了，換取過年期間的麵包。

按了電鈴，他開了門便順手拿起幾把刀子，招呼我進門坐下後，自己磨起刀來。這種場面我見多了，欠債者或許是要威嚇，或許是要逞強，但更多的是不知所措下的自我防衛。我笑他在客人面前磨刀，他悶悶的，用不知道該如何應對的眼神看我。

「我帶開工紅包來給你，去買咖啡來吧！」我拿出一個紅包給他。

他傻了一下，說：「這兩百給我吃飯，咖啡你請。」

我又拿出一張百元鈔，說：「大杯冰拿鐵不要糖。」

他倒是尷尬起來，神態怪異地壓低聲音對我咬起耳朵，「隔壁鄰居跑來要錢，我就磨刀給他看……」接著便跑去樓下買咖啡。

這個房子灰濛濛的，還在用那種垂下來的控制開關切換燈泡與燈管，怎麼看都覺得老舊不堪。有一台破舊的砂輪機倒著，就是他剛才磨刀用的。或許這個環境已經被遺棄。一個聽到電鈴就要啟動砂輪機嚇走來客的人，還有可能重返社會嗎？

他回來時，興沖沖地對我說：「我順便拿了一堆奶球、糖球和糖粉。」他炫耀著戰利品，「還有咖啡棒，可以拿來當筷子。」照例，他買伯朗喝，剩的零錢當他跑腿。

「幹，過年真的不知道要幹啥。」他悶悶地說：「你們工地放這麼多天！」

「今天開工，你不來，」我倒是懶得客套，「大牌到紅包還要我幫你送。」

「哎呀，忘了忘了，明天我自己去工地。」他把紅包裡的錢抽出來，袋子還給我。

我問：「我的電鑽呢？明天一起帶來工地？」

「那個……我借朋友了……」他突然站起來說：「我有好東西給你，讚的！」

電鑽這種東西和砂輪機、破壞鎚一樣，屬於隨時都可以拿去二手市場變現的工具，好用又大量，並且銷贓容易。剛剛在房子裡面，我已經察覺電鑽不在視線中，想來應該是凶多吉少。

「林ㄟ，這些好東西給你。」他拿出一堆小白兔暖暖包，還有幾串衛生紙，「這是社會局社工來找我的時候給我的，好東西。」說著拿了一包暖暖包，當場打開後，拿出一件T恤搓起來，一邊說著：「你整天喝冰的，要在身上放一些，才不會感冒。還有那些衛生紙，你拿幾包走。」我愣住了，沒想到來這裡可以拿到零零落落的衛生紙和

暖暖包。

接著他又跑到房間裡去，喊說：「再等我一下！」

他回來的時候，拿著幾排大賣場的電池。「這都是社工給我的。」同時指了指牆上的背心，說：「那天社工還給我這件背心。這些東西給你帶一些走……」

我離開的時候，感覺真的非常奇怪：手上提著一個工地米袋，裡面裝了四、五包衛生紙和十來個暖暖包；原本給他的紅包袋換成放了兩排三號電池。他還跟著走到我車旁，對我說：「下次我跟社工說我想煮飯，再把沙拉油給你。上次我要他拿去給三段的老伯伯……」

他的確有回到工地工作，但依舊是閒散度日，依舊是懶懶的那個死樣子。年輕的工程師管不住他，倒是對我的要求，他還會虛應一下，就這樣餓不死也吃不飽地撐著、撐著。在工地待久了，最後總能學會一、兩招技能，真有急需人手時還是有點用，雖然終生不可能有什麼翻身的機會，但至少能穩定待下來度餘生，和我見到的其他粗工一樣。

後來和一個社工討論他的事，我原先是笑鬧著當作蠢事說出，她卻正色告訴我：「總比他想拿個東西謝你，卻什麼也拿不出來好吧！」

那時候我驚覺，眼前這個女孩子居然對這種環境習以為常。我並感到訝異：她要有多大的意志才能踏入那房子，面對一個磨刀霍霍逞威風的男子？而對於一個瘋言亂語、活在過去的男人，又要如何定期將這些物資送達他手上？

隔天，我問了那個粗工關於社工的事，他倒是對我有問必答，緩緩說出他的社工對他很好，固定時間會去看他，有時候會帶些肉乾、奶粉，有時候拿衛生紙和電池、手電筒、印有政府活動的衣服和帽子等東西給他。

「有嫁尪啦，哩賣亂想！」他指著我說：「豬哥咧，無通亂來！」接著亂七八糟地說那個社工女生三十多歲，可以當他妹妹，很有愛心，連狗都愛，「我跟她說隔壁棟有人真可憐，她會讓我送東西過去。上星期還拿一包狗飼料給我。政府不多請這種人沒天理……」

我很清楚他困在工地的原因是開車撞死人，出來後只能租間破舊的房子。他說他終身不能考照，也不可能從事保全等工作了。他不願意多說過去，只喜歡聊起各地的美食——那些他念茲在茲、吹捧上天的美食，其實都只存在他的回憶中。

其實我沒有怎麼認真在聽他說話。我和他的對話反反覆覆、顛顛倒倒，毫無重點，只有混亂的過去和無法核對的記憶，貧乏而虛空的形容詞彙。即使是整天指揮他的我，也不願對他再多理解一點，畢竟隨之而來的對話內容是我早已聽過數遍的，有時候還帶著一些無謂的廢話。

我們都當他整天廢話，但因為工地找人不易，便將就著用，至少他還知道人名和工具的位置、名稱。

他每個月固定有一、兩天請假不上工。就算那些物資不多，但每個月固定在那一、兩天的下午，會有人到他家去，隨機帶給他一些物資，那些東西不見得是他想要的，卻值得他期待。他哥哥告訴我，他可以整個月不洗衣服，可以整個房子亂七八糟、爬滿蟑螂，可以在最惡劣的環境裡喝酒——但每到那一天，他會醒著，他家裡會很乾淨，他哥哥也願意在「那一天」晚上去找他。

我知道，社工要去的那一天，他會先打掃、拖地，也絕對不會在那一天磨刀。

明明我讓他有工作，但終究比不上給他尊嚴。

慢性耗損

8

夜間施工

除了小林之外，不曾、不會，也沒有人記得那條路是小王鋪的。

老林和其他工人一樣，第一次吸毒是安非他命——當時他三十歲，還被叫做「小林」，當時阿扁當選第二任，當時所有人期待台灣之子會有新建設；而看著所有的工廠都慢慢拆走，他想著乾脆到工地去吧，跟上一代的台灣人一樣，靠著自己的雙手拚經濟。

小林到了重劃區，所有剩下的老城區逐步被推平，都不約而同地開始進行規劃、整理。都市計畫將環河道路周邊的違建劃入範圍，老房子一棟一棟地遭鏟去，那些道路連名字都還沒有取，就一條一條地鋪築出來了。

小林成為鋪路人，踏入工地。

台北人分為兩類：第一類占據光環，家有恆產，社會也總有用不完的社會資源可供其揮霍，電視媒體及新聞爭相報導成績，誰誰誰留學、遊學，哪個人又考了托福或多益……

但另一類人和小林一樣，家其實在其他地方，父母會騎一台機車把孩子載著，過了台北橋後，落腳在三重、中和或板橋一帶。小林沒興趣讀書，成績從來沒起色過，理所當然在國中時飽受挫折，接著從高中到高職，轉校轉了兩、三所，終於拿到了畢業證書。退伍後，做過幾種不同商品的外送工作。

在踏入工地之前，他送過桶裝水，每天總拚死命地在電梯與拖吊車之間，求取一點餬口的機會。那回是貨車在一週內連被拖吊兩次，公司很不滿，他跟老闆大吵一架後離開，在工地認識了小王。

小王原本在印刷廠整理一落一落的棧板。中和一帶的印刷聚落凋零，即使加班也過不上日子，加上父親過世後留給他的高額債務，每個月的收入固定先被扣掉三分之一。

小王沒有什麼選擇，與其找銀行，不如去做領現金的工作。

●

他們做的正是修路的工作，從清晨開始整理、畫線，調整並且準備材料和工具。做這行的身體不會好，一台台機械鋪起路來像是作戰布陣：刨路的在前頭颳起大量粉塵，碎石以及舊有的路面因此破碎而能輕易挖起。壓平的路基有大量揚塵，若是時間許可，他們會戴上濕毛巾掩住口鼻，眨著乾澀酸脹的眼睛清掃路邊的粉塵、土堆，用土鏟集中，接著在鋪路的邊緣位置淋上瀝青。他們跟在刨除機和俗稱「山貓」的鏟裝機旁邊，時而拿耙子將粒料集中，時而將散落的粒料倒回壓路機前方。

高溫的瀝青和混凝土散發出陣陣惡臭，他們也只是笑著拿起菸，試圖用香菸的味道，微微抵抗鼻腔內無法控制的癢和麻。

挖路工的待遇不算差，只要道路有真的開挖，總還能多少賺一點大包商吃剩的肉渣，即使沒有設備、經驗、專業以及承包能力，也能靠著自己年輕的體力去換取金錢。有權者用嘴喊拚經濟，他們用身體的消磨去換。壓路機被他們稱為「王爺」，較小的鏟裝機「小山貓」則是「小王爺」，幾個年輕工人在壓路機的旁邊走著，自嘲像是王爺出巡時的護法，顧著百度高溫下的柏油碎渣。修路的陣仗很大，聲響如同鬼神降臨。

老師傅們告訴他們要快點趁這機會做好工作，這樣的大規模鋪路工程以後很難再有，最好快點買台機器賺自己的，賺實在的，賺不用過手的。另一頭的工地主任卻說修完台北還有桃園，修完桃園還有新竹，路永遠修不完，重劃區裡面所有的路都更大、更寬也更好做，接著將推出的「路平專案」還會連孔蓋一起挖起來，到時候大家一樣可以見面。

但是對小林和小王來說，這些都不是重點，重要的是薪水發下來時，半個月就比以前送貨一個月還多。這是個可以用體力換取金錢的工作。

小王終於有能力讓母親退休了。有了這筆錢，他的母親再也不用煩惱，甚至還開始跟會、標會。

小林則和所有做工的孩子一樣，有錢後，買回家的第一個家電都是冷氣。柏油修路工的皮膚常起病變：乾癬、濕疹、香港腳或汗皰疹。平日在白天曬昏了頭，晚上回到家就是開了冷氣來鎮住全身的脹熱。

幾個老師傅總說這工作要命：開怪手的告訴他們去買標線機和切路機，自己包工程卡好；開切路機的說，還是學著爬進「山貓」、怪手實在；開「山貓」的師傅說太難賺了，不如去做司機，載貨就好；那坐在車上的司機也不耐，直說開車一身病，還是腳踏實地做事的好。看了看這些師傅的設備，他們盤算一下，覺得還是太貴，目前只能先存點現金，再做打算。

他們兩人會在工作結束後回家梳洗，接著上三溫暖召妓，買春，買醉，用錢買一個溫暖的夜。

●

重劃區的工作結束後，半個月沒有工作，老闆急著解釋：台北市的道路為了選民而無法全路段封閉，又不可能在日間施工。既然為了經濟考量，人命就有貴賤。任何施工工法都有其效益，或者滿足的目標，當長官有要求時，就連圍起路錐也必須承受汽、機車喇叭接連地逼迫。施工第一現場的工人沒有多說話的資格與權益，只能在白天微微切路，擋上幾個小小的交通錐，灌著結冰水下肚，等待入夜後大興土木。

夜裡，數十台機械排陣列隊，等著開始真正的夜。

刺眼的探照及眾多的機械圍住道路，今天要刨除、鋪路、標線並復原。在時間倒數中，工期消逝，管理的工程師閉上眼睛，躲在車上打盹或灌下咖啡。聯結拖板車帶著「山貓」、怪手等各種設備，閃著亮光晃啊晃的。夜間沒人在意，身體可以不穿衣。

機械很多，勞工卻少了，因為愈來愈少人要做，或者說能做的人愈來愈少，於是，小林和小王的薪資從入夜後開始疊加：「鋪班」在日間鋪柏油時，一天兩千起跳；入夜後從夜間六點開始，每四小時算兩千。他們總是笑著說這種工作「愛錢死好」，接著想如何再努力一點，看是頂下切割機、標線機或是挖土機或「山貓」，再為自己拚一點經濟。

沒幾天，薪水又疊加，老闆看他們能加班，便認定算師傅級了，告訴他們日薪以兩千五計。幾個年輕人在酒後，結拜跑去刺青。

各家包商調整孔蓋，測量路基，一點鋪完再鋪上一點，一個交通錐插上一個警示燈。偶有不要命的傻瓜硬生生地衝過交通錐間的縫隙後跌跤，接著報警。整個工地因為周遭的選民而延後，卻又為了符合政見而必須趕著施工。

小林和小王早早起床，晨間六點半到達工地現場，圍起交通錐。年輕的工地主任聽著居民罵麻煩，看著店家抱怨，最後不如他們兄弟倆目露凶光，赤著上身，把機車硬拉到水溝蓋上能有效解決紛爭。半邊的路刨除了，但是封路到晚上六點還不能鋪，得等著交通尖峰時間過後再行施工，這是市長的承諾。

市政府的莊嚴承諾，用他們的身體來消磨。

上工八個小時後，他們工資兩千五；然後開始倒下柏油，在四小時後達到高溫，他們耙著柏油，在「山貓」和怪手的旁邊淋上膠，等著壓路機一次又一次；再加四個小時，開始清掃這半邊的道路，接著和標線的師傅們扶著機器，將粒狀的標線刻在柏油上之後，他們坐在旁邊喘氣。他們身體連續十六小時的工作值六千五百元整。

沒多久，小林買了車，等著上工的時候，開了冷氣在車上睡。包商頭兒自己也撐不住，請了一、兩個工程師來顧，但是即使在一旁休息也無法稍稍緩解酷暑的烈日。日正當頭的時候，居民希望快點施工，然而店家罵起妨礙營業的工程人員像是罵狗；下起雨時，騎士罵，開車的也罵。為了實現承諾，官員催，官員急，公文一天天掛號寄到包商公司，沒人有空搭理。

「路平專案」第一條通過後，市長表示滿意，並且要求縮短工期——還有很多幹道要做，首善之都要拚活動，要快點配合準備通車的捷運……

找不到工則是包商的事，出錢的人可

以加價處理。

第二個月，小林和小王開始發現自己的身體出了毛病，保力達B無論加入什麼都了無新意，檳榔再也無法制止疲累和無力，體力也愈來愈不行，只能趁著大路做完時休息喘氣。

那陣子颱風多，但他們只能繼續做，軍靴一雙一雙壞，也只有軍靴既厚底又便宜。在颱颱風前，「一九九九」占線；颱風走後，里長來抗議。一下子是警察來催，回頭又看到環保局人員手上拿著不知名的檢測儀器。

接著，他們和其他師傅一起用起了「好東西」。那時候，上海世界博覽會辦完，緊接著是北京奧運，在兩岸交流下，他們用起了中國來的安非他命，修機器的說一公克一千五百元算他們便宜。

在連續工作二十四小時的時候使用，作用真是妙不可言：所有的睏意都消失，所有煩悶也都遠遠離去了。只是他們忍不住抱怨裝藥用的夾鏈袋就重了零點二克，有一點被坑的感覺。但是無論如何，有了這個好東西，讓他們總能笑嘻嘻的，每個月只花幾千元買安非他命，就能領上九萬、十萬的薪水。

安仔是他們的好朋友。

然而漸漸地，小林開始有點失常，他在洗輪胎的時候停不下來，總覺得做工就是要做得徹底。小王也發現自己回家後，怎麼睡也睡不好，覺得每天都快熱死了，但他明明就有開冷氣。工地現場的人對此倒是無感，幾個師傅推薦他們去刮痧和拔罐，只是那些都沒有太大的效果。

小王覺得自己像是夜遊的鬼魂，頭痛欲裂並且精神不振。小林洗一個輪胎可以耗費兩個小時，還好老闆和監工都在睡，夜間工作少人指揮。其他師傅問起，他們只說自己身體不好，精神不濟。

有一個師傅說還有另一個「好物」，小林的興趣不大，小王倒是聽得仔細。師傅告訴小王，想當年香港的科學家前往金三角，打通了整個東南亞的任督二脈，終於有了全世界知名的好物——在這之前叫做「三號」，這之後稱之為「四號」。沒人在說海洛因，只說這東西抗瘦、抗痲、抗痛、抗病又抗憂鬱，只要一劑下去，人生有意義，賤民有生機。

可是，這東西用了以後會上癮，血管會不順，所有靠此藥物想脫離現實困境的人，都只是延遲而已，人生沒有改變，環境依舊惡劣。

這東西一克的公定價就是五千起跳，而且隨著市場波動，純度不同，小王無法得知劑量，只能照著行情，將純度不等的雜質注入身體，有時有效，有時無效。

就這樣，小王深度上癮了。一克一克，兩克兩克，沒多久，他就無法支應了，一天有時要用到上萬元：一針「四號」止住痠、痲、癢、痛、脹，另一針安仔提神上工地。存款愈來愈少，體力也愈來愈不好，他努力思考著如何是好，卻沒有答案。

答案在監聽以及空號裡。

警察是在藥頭的家門口抓到小王的，販毒的證據罪證確鑿，他們做到了一件專案的業績，準備送地檢。在這之前，小王等著法院傳喚，但他再也沒有用過自己的手機。

●

通路的那一天，小王沒有到。

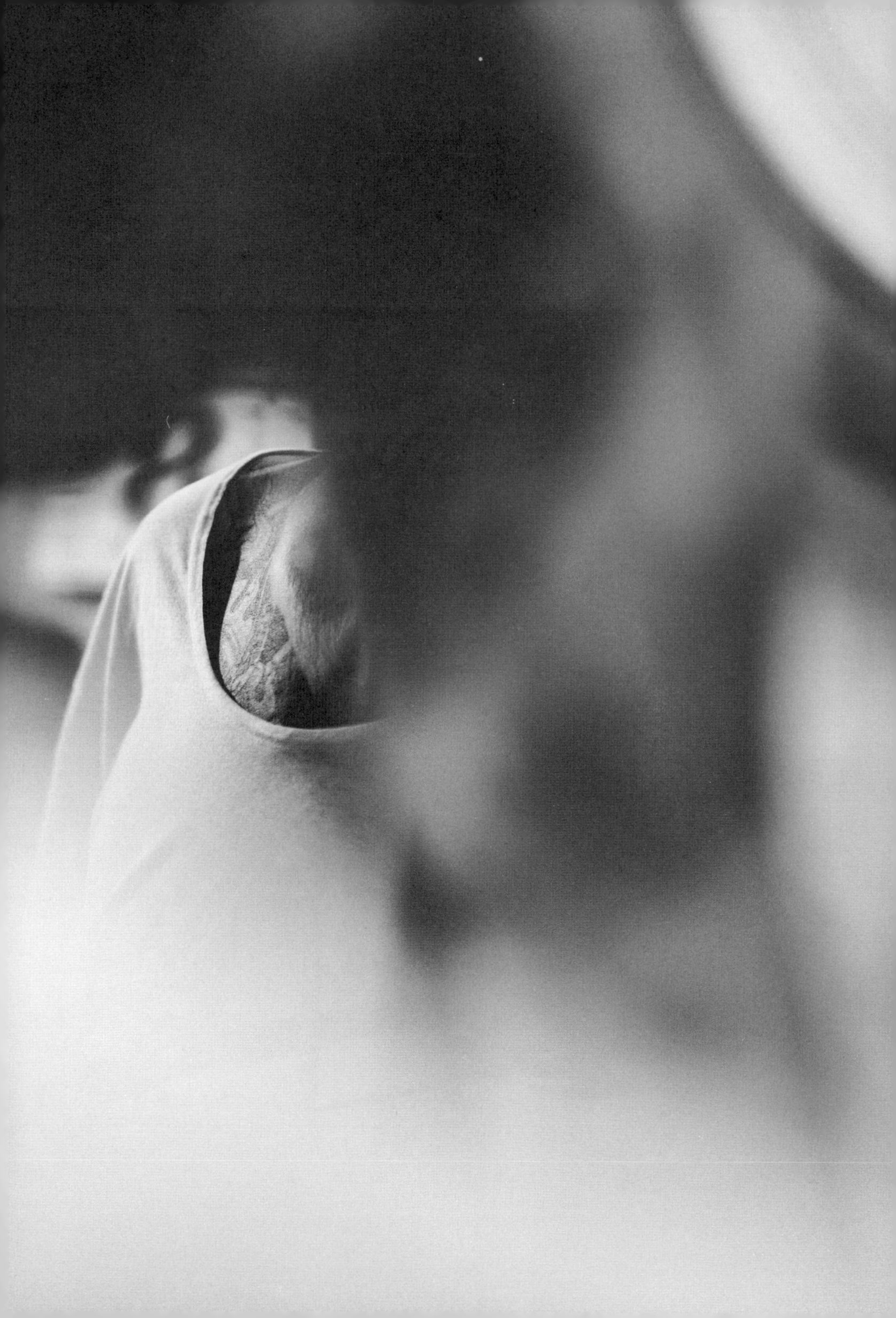

隔兩天，工地主任請客吃飯結束後，警察才通知小林他們：那天一大早，小王連人帶車摔下彎道身亡。他有保意外險，也有工會的勞保理賠給父母。

他沒有留下照片，只有小林的手機裡有留下他工作時的身影。於是，在清晨時分的聯合祭奠上，一個廳堂上有五、六個靈位都擺了照片，師父們各自誦經，大家則是對著小林的大螢幕手機上香。後來，小林把這支手機給了小王的父母。

他們兄弟身上有同樣的刺青。

度餘生

老林戒了十年的毒，現在定期上醫院看戒治科門診，喝醫生開的「美沙酮」。

我手上有一個摺疊整齊的文件夾，裡面的文件寫著他如何在被捕後，第一時間向檢察機關陳情。他做道路施工的「鋪班」人生大約在五年前結束，因他覺得責任盡了，同時想戒掉美沙酮，這是他身上的最後一個藥品。

刑事答辯狀上，一塊一塊塗黑的區塊隱蓋著這份文件「第一位主人」的居住地，這份文件轉手了多次。老林對我說：「我買的時候花了五千元，律師說這可以救我一命。」接著他拿出一份悔過書，字跡娟秀。「以前說最好還要一份悔過書，這樣檢察官才能說你『足有悔意』。」

我好奇地看了看悔過書的內容：「余年幼家貧，為求生計而汲營苟且，不幸誤入歧途，懇求檢座體恤，惜及本人尚須扶養父母（妻兒）……」

大約在五年前，五十多歲的老林離開了工地現場，也從那時候開始減低美沙酮的劑量。

鋪班的工作年限也差不多只能到五十歲。比較優秀的師傅會選擇轉行，或是自己當老闆。但是像他這樣的臨時工是漸漸等不到老闆點派，算是被自然淘汰。

雖然五年來，他對美沙酮的需求量逐漸下降了，為了戒毒，仍必須每天報到去喝，因此他每天都得上醫院。他手抄下醫師每個月的門診，不只是戒毒門診，還有身心科的診。

十年間，美沙酮的劑量從三十毫升減少到十毫升，最近醫生更試著要幫他減到五毫升，但他發現身上的骨刺和手、腳、膝蓋等關節開始會痛。「可是現在不能不用了，」他指著他的腳踝，「偶爾去工作，隔天回來腳就痛得難受，不過美沙酮喝下去以後，真的可以保持不痛。」他笑著說：「我現在不知道怎麼跟醫師開口要增加劑量……」

他當年的道路剛好相反：三十歲時，發現身體愈來愈容易疲累，於是開始使用安非他命。那時候的台灣倡議著「沒有不景氣，只有不爭氣」，他和當年的換帖小王就為了爭那一口氣去拚。

勞動生活隨著毒品強度而增加。當年他的體力很好，工作也在幾種之間更換，打石工、鋪班或者基礎的搬運工，他都做過，遇到加班或者去遠地工作時，就會買上一克或者兩克。

現在他偶爾幫忙開小吃店的朋友包包水餃，或者當賭場要開台時，去幫忙顧場。「這就是度餘生了，至少我還能『出來』。」

四十歲左右，他在泰源技訓所遇到入獄的「拉拉隊」——那些不良少年沒錢時就騎上機車，兩人一組地強拉他人皮包。他看孩子挺聰明的，叫孩子出去後，跟他去做工。那時候的他體力還很好，在鋪班裡面當領班，只是做沒多久，年輕人就跟著朋友去賣起利潤更高的海洛因。

「用到海洛因就完蛋了，就像我兄弟小王……」他嘆著氣說：「我自己也戒了十年……」那個他口中「聰明的孩子」後來被抓，罪名是販賣一級毒品。

毒品在台語中叫「藥仔」，在他看來，所有的毒品都是藥物，端看使用結果能不能幫助人。美沙酮就對他助益很大。「海洛因『四號』一克五千，還不知道純度，怎麼可能會有好結果。」講到這裡，他感激起戒治科門診的醫師，「美沙酮一個月七百三十元，醫生還會幫我看檢查報告、量血壓，和我一起討論……」

他的工作歷程和大多數同年齡的台灣人相同：當年缺工時，以安非他命來提神，一個星期的使用量大約要花上三千元，他還吃得起。只是安非他命用久了很難入睡，於是他混用海洛因。他幽幽地說：「四號仔，一個星期要花一萬五。」

更糟糕的是被抓一次以後，從此警察就陰魂不散。「警察來抓、來查，一次又一次。

鄰居們都嚇得要死，只要附近有人用藥被抓，我就要再被警察找一次。」所以他也無法再從事其他工作，像是保全或送貨員等都不可能，他曾經去朋友家幫忙包餃子，但警察三不五時去查問，最後，朋友只能請他離開。

在社工的輔導下，他決定去找醫生幫忙戒毒。「只有在醫生照顧之下，警察才不會整天把你當問題人物看待。」

最後他回去鋪路，也還好鋪班的朋友們還願意收容，對他告誡一番後，繼續讓他上工，待遇是四千二，從夜間十一點開始。聽了醫生的告誡後，他再也不加班，盡可能地在下午喝了美沙酮後確定效力，美沙酮讓人止痛，他在下班後去喝藥，會止住身體的疲累。同時也因為美沙酮和海洛因混用，會要他的命。

這是一個人造的階級。社會的獨特群體普遍認為自己選擇的道路，自己承擔，於是加強警察逮捕，我們認為對社會有效，卻很少人知道，最有效的方式是接受醫師治療。

鋪班的老闆幾次收留了老林，但事實上，他已經跟不上工作進度了。他的高低肩明顯，腰椎的骨刺也愈來愈嚴重，上工時必須綁護腰以避免加重身體的負擔。老闆多次要他自己考慮體力，幾年前還曾借他車禍和解的錢。

但是並非所有人都這樣。過去，老林前往市場幫忙喊賣時，就因為警察三番兩次地「關切」，而被請離開。幾次工作碰壁下，他又開始使用其他藥物。監獄可以戒你毒，但出獄後的關切以及登記，使他無法回到社會，只能一次一次地繼續回頭使用不同的藥物。

遠房的親戚和家人也都斷了聯絡。人們認為他很恐怖，他也一度乾脆用這樣的方式掩護自己。他說：「也好，既然怕我，至少我很安全。」但這樣的安全無法給他工作，後來又一次被抓時，他用了那份文件救命。

醫院裡面的戒治科門診，在他領取美沙酮時有獨立的警衛在旁，護理師和藥師們隔著鐵窗，將指定劑量的美沙酮交給他，他再當著藥師、護理師與警衛的面前飲下。診間的醫師認識他十年了，對他定期追蹤，再回頭根據驗尿和身體的狀況調整劑量。他現在的臨時工作則是醫生轉介社工而得的。

幾乎所有的戒治科門診醫師都會加開精神科或身心科，聽他說有失眠等症狀，開出處方藥物。因為這個戒治身分，他是病人，而不是犯人，警察才減少了上門的次數。也因為是病人，上門的從警察局變成社會局。

只不過，用了十年的美沙酮，他現在不知道該如何是好，拋出了這個問題：「我應該戒美沙酮嗎？」

舉證

鐵梯子不穩，站在上面使用電鑽令我感到搖晃，坡坡在我下方扶著，老杜則是在旁邊幫我準備安裝的窗簾。一陣混亂後，終於將窗簾安裝完畢，我一身土粉，喝起汽水間

聊著，這時，坡坡接起了一通求援電話：又一個雇主對外籍移工性騷擾。老杜嘆氣，只淡淡地說一句：「每天都這樣。」卻滿是無可奈何。

這裡是外籍移工們的住所，我來幫忙整修房子。坡坡和老杜在協助移工的單位工作。

台灣的合法移工分為三種：廠工、看護工和漁工。其中，人身安全和待遇最為不確定的是看護工，完全操之在雇主手上。這些女孩來台灣後，多半與老人同住，無論在哪個縣市，只要是出太陽的下午，幾乎都可以看到包頭巾的女孩推著坐輪椅的老人，走到公園，她們通常耳上掛著耳機，手上或胸前則是一支手機。在老人曬太陽的同時，她們滑手機，不然就電話聊個沒完，如同台灣人一樣。

這樣的移工通常是待遇較好的，甚至有些可以好到親若家人，還能有自己的房間、有手機在身上，並且可以單獨休假外出。人都是愛家的，即使可能遭受雇主白眼念叨：「整天只會玩手機。」但不管怎麼樣，都會想保有通訊的可能。

依據國籍和身分、職業與出身等，法律對於人的定義不同，給予的待遇也不同。對於稍理解司法的人，相關從業人員多少會給予機會，寬容一些，甚至協助救濟。然而，對於遲疑不定、不知如何應對的人，我們的司法為了結案、為了銷案，績效永遠朝著最底層的無助者做出取捨，或者自然淘汰。

例如：無法直接說中文的外國女孩，即使我們社會知道性騷擾的行為在獨立空間內很可能理所當然地變為性侵，但即使是高風險家庭，仍然可以直接透過仲介，請外籍移工到府工作。

男人起色心，通常從「氣味」開始：人身刻意地接近，愈來愈明顯地嗅聞，言語及肢體的試探……一步步朝向這些女孩。如果她們有所驚覺，這時候可能會開始求助，透過社群軟體，或者聯繫家人、朋友。但這些求助管道若要有效，前提是要有人能同時懂得她們的母語及中文。我身邊很少有能夠懂東南亞語言的朋友。

於是，這些女孩通常先拿起電話找仲介——可想而知，仲介多少對她們安撫一頓，告訴她們「只是國情不同」。畢竟哪家仲介想得罪真正出錢的業主？又有哪個外籍移工

不曾考慮自己身上的債務、貸款？

當然也有些比較好的仲介，可能會聯繫雇主，對他警告一下，但是，結果仍是留下女孩獨自一人，待在同樣的房間裡，同樣的家裡，同樣遭遇著被對方親近地嗅聞或甚至觸碰。再好一點的仲介或許會到家裡進行訪談，可是不管說人家做了什麼都得有證據，而性騷擾卻常常是沒有痕跡，難以舉證的。

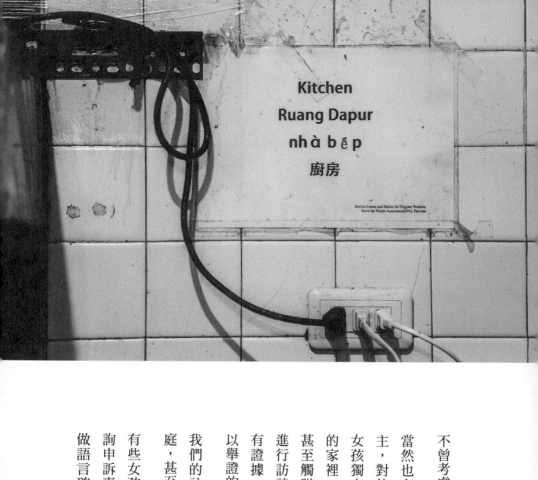

我們的社會，讓一個女孩獨自面對一個家庭，甚至一整個家族。

有些女孩在這時候拿起了手機撥打勞工諮詢申訴專線「一九五五」，花了一番時間做語言確認，再經過一陣子的等待之後，

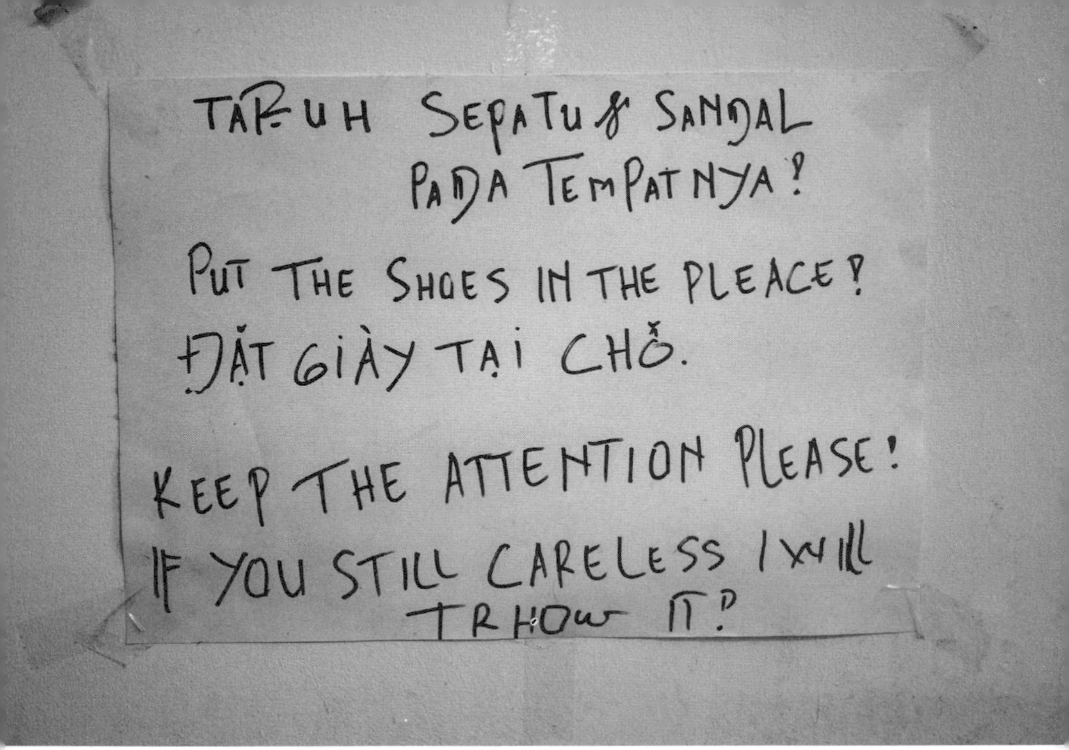
TARUH SEPATU & SANDAL
PADA TEMPATNYA!
PUT THE SHOES IN THE PLEACE!
ĐẶT GIÀY TẠI CHỖ.
KEEP THE ATTENTION PLEASE!
IF YOU STILL CARELESS I WILL
TRHOW IT!

終於能夠開口訴說；然而，電話線那端的接線員並非公職，也不見得熟悉流程，最後將求救當諮商，掛上電話，結案了事。在家裡的女孩依舊面對同樣的房間，同樣的嗅聞和觸碰，同樣的暗示；不同的是，襲胸部變成捏奶頭。

而有時，仲介即使聽了女孩的申訴也沒反應，整天待在那個家的年輕女孩無疑是最佳獵物，侵害者趁著家中無人的時候，行為變本加厲，反正，「誰能證明我襲胸、捏臀呢？」大眾常常以為性侵必然有傷，卻忽略了男、女的體型差異及平日的階級關係，恐懼所帶來的無助感，常使人放棄抵抗。

台灣雇主在語言優勢下，可以輕易將外籍

移工的情緒失控轉化為：「她可能家裡有事」、「可能是想家」、「做久了，愈來愈不乖」等原因。而誰聽得懂菲律賓的「塔加洛話」和印尼的「爪哇語」呢？

若是事後求助，所有的法律都是無罪推定，告訴者必須自己負起舉證的責任，而掌權者則從未想過應該要有其他的救濟管道，畢竟資源有限嘛，本國人都不夠用了，外籍移工？當然不救。

有時雇主聽了仲介警告後，反而一不做二不休，直接對女孩性侵，並拿走她的手機。一個在遣返單位的人告訴我，這些警察不懂外語，就算到場也毫無處理能力，只能聽著雇主和仲介的翻譯處理。我國警察對外籍移工的人身自由及通訊自由的理解是「可以被雇主管理的」，檢察官、法官的素質不一，審理時對於雇主「管理」移工的手機，也不認為是限制。那些一次一次揭露真相的所謂「個案」，其實都是「通案」。

既然找仲介申訴、向司法求援是沒有用的，女孩在沒有證據的狀態下，唯有記錄下自己的屈辱，將自己遭受虐打、哭泣著抵抗強暴的影片錄下，公諸於世，台灣的檢調才正義爆發，所有的法條瞬間出現，官員震怒，警察威武。只是，攝影機的鎂光燈也跟著出現——從此，全世界都知道你是個被凌虐的女人。然而，看完也就結束了。

有時運氣稍好，接到宗教團體協助庇護，變相地轉換為被安置人，配合警方調查，但是在結案以前是限制出境的，而且人一回家，台灣這裡可能就撤案了。

於是女孩身邊有通譯，陪著來自異鄉的她從警局到法院，經歷勞工局的調解，面對雇主和仲介……然後，帳單依舊要繳，貸款依舊在滾利息。

大部分的人就這樣算了，能和解的案子，拿了和解金後，再去下一個地方工作，賺錢寄回家鄉。不能和解的，大概連欠薪也拿不到。

體制蓄奴的方式永遠不只一種。就算女孩順利脫離了惡行的雇主，但在第一年，仲介的費用依舊整天追著跑，以每個月一成利的方式疊加累積，最後只能淪入整個逼迫人的惡意循環：先是被雇主毆打、性騷擾或強暴，再被債務逼著和解，接著帶著傷痕，乖乖地去下一個家庭或工廠——可能吧，那裡沒有暴力毆打或性騷擾。

整修房子後，我借浴室沖洗，發現沒有沐浴乳，移工們立刻拿出一堆小罐裝的備品慷慨贈我。他們把我當成人權團體的一分子了。但即使如此，在他們面前，我宛如貴族：台灣人，說標準的國、台語，走在路上不會被警察盤問，就算盤問也都客氣以對。我是我討厭的高級天龍人。

我敬佩坡坡，無論面對的情況再不堪，他始終可以彈性調整，笑鬧著面對公家單位：為了替外籍移工多爭取一些時間而跟警察對吼大叫，結果遭警察毆打；為了懷孕的外籍移工，對著社會局鞠躬哈腰；為了生病的外籍移工，他排隊等待。

但即使坡坡他們不斷地爭取機會發言，那些惡劣的處境依舊未被看見，一個、一個又一個，欠薪、毆打、性騷擾、恐嚇、逼迫……我不用擔心台灣人忘記我們會虐勞，因為這個月、下個月、下下個月都會有，每次都可以讓台灣人注意一分鐘，罵一分鐘。司法急不來，行政也不用急。

或許有人會說，我們還是可以期待這社會有進步，如今警察聽到有外籍移工的強暴案發生，願意立刻出勤，勞工單位也會到場。只不過，賠償和法院程序依舊牛步，從事發當時開始跑流程，直到女孩的簽證到期了返國，大概都等不到結果，若涉及有權勢者更為明顯。

遲來的正義，只是自以為是的傲慢。

然而，誰又願意承認自己舉證及調查不力。

●

我們喜歡美善的事物，秩序的法條，說出真話的人總是麻煩製造者，像那些人權團體，被批評：幫著外國人占用台灣資源，讓台灣的資本外移，掏空台灣。因此，幫著被性侵的女孩爭取正義，說出體制缺失，也算是麻煩。先救台灣人比較好。所以人權團體在市政府被喊打，一呼百諾，外勞仲介卻是拍手叫好。

我們還能有純然的正義嗎？

我沒有問坡坡那通性騷擾求助電話的結果，我不想知道，我只是個修屋的。

工之傷

眼前已經鑽探到地下九公尺，師傅們拉起落錘桿，金屬落錘敲擊出的聲音清脆而宏亮。我和師傅們讀著數字：一下，兩下，「二」，一下，兩下，「二」，一下，兩下，三下，「三」。報表上填「2＋2＋3」。

這是「標準貫入試驗」，師傅以繩索拉住圓形鐵鎚，那一顆中間挖孔的大錘重達六十三點五公斤，標準的貫入試驗必須將大錘拉高至七十六公分以上，然後放下，讓大錘自然鎚到下方的鑽桿。所有的房屋在建築施工前，都必須參考這個數字來判斷地層強度，專業名詞叫做「N值」，是大地技師和結構技師研判是否開挖地層時的重要參考依據。

貫入試驗結束後，師傅們會把九公尺長的鑽桿拉起來。鑽桿是每三公尺固定一支，尾端有一個可以從中間拆開的管子，稱為「劈管」，他們必須將這管子裡面的土樣取出來，送到實驗室。

這樣的工作重複進行，直到搞清楚這裡的地層為止。

我看過最深的一次是鑽探至地下七十二公尺，每支鑽桿重十餘公斤，把所有鑽桿拉起來的時間就要花一個小時。用來鑽洞的鑽機發出嗚咽的聲音，繩子必須淋水以避免斷裂，而台灣的所有房子、橋梁或是各種工程建物下的地層資料，全是這樣而來。

做這行的師傅們常常晒成黑炭，身上帶有機油的味道，並且終日與柴油引擎為伍。另一個常見的特徵，是許多師傅都缺了一、兩個指節，或在左手，或是右手。這個行業的老師傅們常常在落錘時，不慎壓斷手指，有人斷了一截、兩截，有人少了一根或兩根指頭。有些缺去的指節已經沒了指甲，短短的手指在那裡，大多數的人不會去問，也不知道該如何問這手指的故事。

我是偶然在中午休息時間知道的，那時候我對著幾個師傅問起「自動落錘」的事，出乎我意外的是，這些平日與我交好的師傅每一個都立刻變臉，七嘴八舌地聊起這個設備的危險和恐怖，接著有幾個較熟識的師傅們說起自己手指的故事。他們對於使用這個設備抵死不從的態度讓我驚訝。但沒多久我終於看到這個萬惡的設備了——這個設備很好，對於工程師和技師來說很好，設計簡單，模擬出了真實的自由落體，也因此，得出的數據更值得信任，讓技師判斷地層的強度時更有依據。唯一不好的只是危險而已。在師傅的眼中，雖然多了一個工具可使用，卻也多了一個夾斷手的可能。師傅們罵說：這玩意好都好到坐辦公室的，反正站著說話不腰疼，敲鍵盤的不斷指，當年多少人斷指都是這玩意闖的禍，設計者從來沒有考慮過他們使用者的心聲。

你一句我一句，那一截截歪掉的指甲和根本沒有指甲的手指故事漸漸浮現：有些人因為剛入行時施工，在緊張或是還搞不清楚情況的狀態下，手指被壓到而壞死；有些人因為懵懵懂懂而忽略危險，到醫院後只好截去一截；有些人則是因為工地距離醫院過遠，輕忽痛苦而延誤就醫；另有些人原以為沒事，沒想到組織慢慢壞死了……

這些斷指的情況，我在不同的地方也聽過，但聽得不多，更不深入。工殤意外者或多或少都有自己未注意到的狀態，或許是過於疲累而失去專注，或許是心情煩悶，也可能因為對工作內容不熟悉卻匆促上工……這些原因全都可能造成工殤，但也因為其中或多或少有自己未注意的成分，當被並不熟識的人問起時，自己往往感覺到被質疑：怎麼不小心？怎麼不注意？怎麼沒有看好操作說明？

所有的問題都可能造成冒犯，畢竟斷指的外觀明顯，即使我們將眼光轉開，也可能不經意地透露出不同於其他人的眼神。於是對於工殤者來說，自己身上的傷成了不好啟齒的話題。

有時身邊的人則有另類的義憤：「老闆怎麼沒處理？」「怎麼沒有勞保？」「醫生怎麼那時候沒有發現？」……卻沒想到這種話可能會再度刺傷人，也忽略了工殤發生時的複雜成因，更何況再情緒化地追問，斷掉的手指也不可能接回去。

有一名斷指的鑽探師傅告訴我，當年他的手指就值六千，由老闆娘包來，他用這筆錢生活了一個月後，回到原本的老闆手底下繼續工作，最後他也成了這行的師傅。

這也是我身邊大多數師傅的情況：無論傷、病、痛，總還是要為著明天的生活繼續過下去。營造業並不是唯一如此的，其他如：機械操作、印刷裁紙等，也都有類似的故事發生。這些工作的危險性高，保障卻比較少，同樣的故事接二連三發生，過去我沒有注意，只是因為自己所處的環境較為安逸而已。

社會大眾並非不知道這些工作的辛苦和危險性，只是即使知道，也總是拿「這些行業的薪水較高」、「從業者很專業」的理由來說服自己。在遠離這些環境之後，看不到了，也就不在意，只剩下工資較高的刻板印象。然而，工程現場依舊危險，人員訓練依舊不足，從勞保有統計數字以來，營造業一直都是職災傷亡比例最高的行業。人們說「富貴險中求」，但險中少有能因而富貴的，更多的人是在遭遇職災後離開了。

我身邊的師傅們能在工地現場待下來，算是幸運的。有些鑽探師傅儘管傷了手指，總還能保有工作，手指也不見得會每天被人看見，聽過更糟的另一些狀況是缺手或斷腿，就不可能繼續留在工地。我們的工作環境辛苦又危險，因此，一旦因職災而成為身障者，便更難以生存，賠償和保險加起來也不可能有足夠的保障，過去的經驗、技術幾乎無法用於維持生計。在我聽過的真實案例中，有人就這樣飲酒致死。對此，所有人無能為力，眾人所謂的那些轉行、職訓，都難以和這樣的人生經驗銜接。要求弱者更加努力，是一種遮眼無知與卸責的藉口。

縱使我所在的社會環境知道要呼口號、要提人命重要，但這種話總是說完就算了，偶爾會等發生一、兩次的重大傷亡事件後，才恍然驚覺，當稍微看到那些斷肢、身障以

及遭灼傷者後，才發現法條和規定等制度從沒有為人命考量。

等到需要廉價人力時，社會依舊找來弱勢者屈從。我心知肚明，最危險的工作不在我所待的環境，那些工作場所找的是外籍移工，要他們做台灣人不願意做的工作，不願意的原因是危險、辛苦，並且酬勞不成正比。

所有人都看到自己身邊的工地勞工辛苦又危險，也要求孩子多讀書，以後才能找到好工作。就在這樣對基層勞工仍有偏見的情況下，外籍移工的待遇只會更差，並且還回過頭來削減台灣勞工的待遇。

這是我們政府帶頭做的事，美其名補充人力，卻選擇了飲鴆止渴的方法。

外籍移工來台後的待遇宛若蓄奴，我根本無須多提。《關鍵評論網》的李牧宜曾對我說：「我不用擔心台灣人忘記自己對外籍移工不好，因為每天新聞都看得到。」這句話是真知灼見。原本就不良的社會制度與環境保障，因為外籍移工在傷殘後只需要遣送回國即可，既然看不到受傷的人，制度就更有了不需改善的理由。如此減低成本，壓低補償、賠償與照顧的責任，使我們的工程環境更難進步，所有的技術期刊都少有針對勞工的防護設備研究。為了工安而做的資料雖多，但實際能給予勞工的薪資卻一天天減少，為了自身安全，勞工似乎只能自備防護用具，但事實上根本無人有錢花在投資自己。

當人力只成為數字，不再是活生生的人時，沒有人在意這些勞工的待遇以及家庭，如同捷運站旁的紀念碑一樣——我們看著政客剪綵，作為政績，卻沒有人關注那些已經殉職，或者背負病痛終其一生的勞工。

進步帶來的是殘酷，為了快樂地活下去，社會自然對於弱者、殘者不在意。

●

留下來的師傅漸漸年老。師傅們告訴我，他們也只有這個技能。他們不偷、不搶，靠著體力和經驗，在辛苦的環境下拚搏。

鑽探師傅們即使雨天，也得穿著雨衣繼續工作，淋上一整天雨的身體常常伴隨著病痛。而這不是單一情況，其他工種也相去不遠，頂著工程進度的壓力，鷹架工與模板工也是如此。

那些穿刺、撞擊所帶來的傷害甚大，他們身上的職業保障卻少得可憐。只算工錢或是數量的環境，使得所有謀生方式都是靠自己的身體在拚，一旦受了傷，影響的更是未來的生活。家庭需要開銷，日子也要過下去，有些人靠著借貸勉強撐著，將所有人際關係消耗殆盡後，工殤仍舊存在。

傳統產業的轉行難度極高，這些工作通常單一而獨門，一旦離開要轉行，基層勞工的學歷以及人脈，都不足以夠上好的管道和職位，可能是轉換成為低薪且一樣長時間的工作，例如：保全或是送貨員、清潔工。只是，工殤者有時連這樣的機會也得不到。身有殘疾者一向不受到我們社會的看重，在自然淘汰下，沒有他們可以謀生的空間。

我的一個師傅告訴我，汐止五股高架橋下有他的一隻手指。但他的手和我的記憶一樣，只會隨著時間被淡忘。

沒有人會在意工程的背後有多少隻手指。

告誡

我收到兩張花蓮遊樂園的門票，拿給我的師傅問我還要不要多幾張。我問他為什麼不自己去，他說他拿這兩張門票不想玩水，只想跳海——十張門票換三個月的利息。「過年前又來這一招！」他指著我手中的門票開罵：「十年前更扯，請款前得先買他

家的保險。」咒罵兩句以後，他開始喝酒。

隔幾天，包商們在我面前討論起各種「做不大的老闆」，但事實上，能被這些包商們罵的老闆已經「做很大」了。對那些能夠拖欠工程款項的大企業主而言，這些所謂「做不大」、「未久長」的評價毫無意義，從來沒人在意第一線施工人員對於建商的評價，自然可以更加惡劣地拖欠或是剋扣工程款。各種「拖款奇談」如雨後春筍般地冒出來，師傅們也不知道該怎麼辦，就連師傅的師傅可能也不知道。

幾杯酒下肚，他們對於高學歷知識分子的鄙視和厭惡躍然酒杯之間，直說著：「戴手套的是好的，拿筆的人是壞的。」說實話，這些包商頭兒對自己的員工也不見得有多好，只是少了拐彎抹角和奇怪的手段，應對上直接許多。

●

許多師傅抱著自己的怨言來找我聊他們的辛酸。聽了他們的故事，當然不能統統簡化成如他們所說的「拿筆的是壞的」。只不過，擺在眼前的各種聲音確實呈現出一種不可思議的魔幻場景，各式從未聽聞的例子從他們口中奔流而出，有些還有斬釘截鐵的

「證據」：百貨公司禮券、大老闆寫的書、強制報名的旅遊團等，這些原本應該是禮物、製造快樂回憶和相處的經驗，反而變成了強迫中獎。例如：

「我那一次有一個小工被勞安說要罰錢，如果不要罰錢，就是去買他們家的保險。幹！給你整個公司推銷業績就飽了？」

「老闆會坐在那裡很客氣地請漂亮小姐倒咖啡給你喝，然後拿遊樂園門票告訴你：『過完年，等二二八一起給你。這個先收下，不夠的話，我再給你五張好了。』」

「以前我收過禮券，那時候那家公司請款啊，一半都是開半年票，另一半就是要你收禮券。那家百貨公司什麼都貴，現在我家裡所有的家電，還有老家所有的家電都是那時候買的，不然會過期啊！」

還有師傅告訴我，這些建商占了台灣報章雜誌廣告的大宗，但說了也沒人信。這些師傅對於司法以及官員的信任度本來就很低，認為不管走任何法律內的途徑，也只是再被羞辱一次而已。

「他們很厲害，養了很多教授和記者，寫了一堆很棒的文字，放著不用，等到自己的

案子出事時，這些教授就會有準備好的『研究』出現，配合『專訪』，一起讓不懂的人感覺到他們的厲害。」

在這些師傅眼中，公部門更糟。

許多公部門人員在通過考試進入職場前，根本不懂工地。此外，相較於民間建商的強取豪奪，公家更是明擺著只出最少的錢，讓得標者「各顯神通」。

但是便宜沒好貨，最低價得標的工程品質可想而知，大型案件在沒有追加預算下，少有不拖延的。這甚至還有一套理論依據：當一個工程案到手後，做了能夠不賠錢的就先做，做到要賠錢的部分再來拖。而有時是不得不拖，因為工程設計不良，難以處理；有時則是不能不拖，為了工程進行時的相關配合措施反倒得追加工期。

師傅們對公部門的抱怨自然不亞於對民間公司。

「依法辦理，也要說是怎麼辦理！打電話說不知道，開會沒人能做主，發文說沒收到，只會說『照圖說』，圖裡面又沒有畫清楚。」

「做十樘窗戶要計畫書、要檢查表、要材料驗收，然後還要等人、等時間，全世界所有的工人都在等長官來看。結果等來的人除了出來拍照以外，又什麼都看不懂，是點收個一二三四五喔！」

「公家的案子裡面怎麼爛都沒關係，動土典禮那一場一定要特別做好，路要整平，地要洗乾淨，車子要全部淨空留給貴賓停。現在比較好了，做面子就可以，以前驗收是要把『人頭馬』白蘭地準備好，一人一罐的。」

這些說出來的對話內容符合我的經驗，卻又點出了不同的觀看視角：原來對於師傅們而言，等待驗收的過程，帶給他們的是下馬威或是劃分階級的感受。

師傅、包商們受到傳統師徒制的觀念制約，在養成期間總是忍受各種惡劣對待，結果造成了當他們出社會時，很難有辦法去應付這些「老闆」的無理要求，加上權力不對等以及掌握資源者的優勢，注定了他們的抱怨和咒罵，只能向著自己身邊的人發洩而已。偶爾罵業主、罵政府，卻很難有力量前去抗衡，無論好事或壞事都是如此，遇到不合理的事情，大多也只能吞忍下去，等待和朋友群聚的時候，前去一吐苦水。

除了制度以外，有一種狀況是「底下」的人會做的事：有些監工會要油水。民間的包商懂得私下交易，給「百分之十」的謠言甚囂塵上。公家單位的管理問題也不遑多讓，不只一個包商告訴過我，進「雙北」的學校做，誰拿到標案，就得準備幫學校付整月的水電費用，作為「節能減碳」的業績，學校管理工程的人同時還可以得到獎勵，以此確保驗收能順利通行。

當然，師傅和包商口中也有一套豪情壯語：

「幹！我以後不接××的工作！」

「以後那個姓林的工作我去做，我是白痴！」

只是不做會餓死，抱怨以後，仍舊只能繼續尋找可以餬口的工作，帶著這些傳言和故事，等著跟其他人一起交換比拚。

這些「傳言」很難浮上檯面，既難證實，也沒有相關的研究或真實的數據，我們只能相信自己的經驗，聽朋友們抱怨，繼續對失業率和經濟成長數字嗤之以鼻。師傅相信的則是自己被跳票的次數以及拿到的禮券和樂園入場票，和自己的經驗做對比。

這些師傅們說話總有一種「信不信由你」的態度，可能誇大，也可能是帶著自己當年的情緒，要後生晚輩們「小心」。身為監工的我每次聽見這些「傳言」，從中感受到的其實不是有多少真實，而是有時，我反而擔憂起：自己是否也成了傳言中的一個共犯？一名助紂為虐的幫凶？

那些不是真的或假的故事，而是人生中不知多少後悔、無奈心情的告解，以及告誡。

人窮命賤

那一回，阿翔師傅是真的不能走了。

他和老何師傅兩人一同工作許久，是傳統的老師傅，帶有身為勞工的堅持和尊嚴。無論天氣如何，兩位師傅總是穿長袖、戴著棒球帽前來工作。他們是所有監工最不需要擔心的組合：每天七點一定到工地現場，如果遲到或是無法到工地，也必定會在前一天打電話告知。

像這樣的師傅，一旦打電話告訴我無法接續工作，大概都是久病復發。

工地現場一如傳統產業，像他們這樣的戶外工作者更是辛苦勞碌終生。別的行業未必

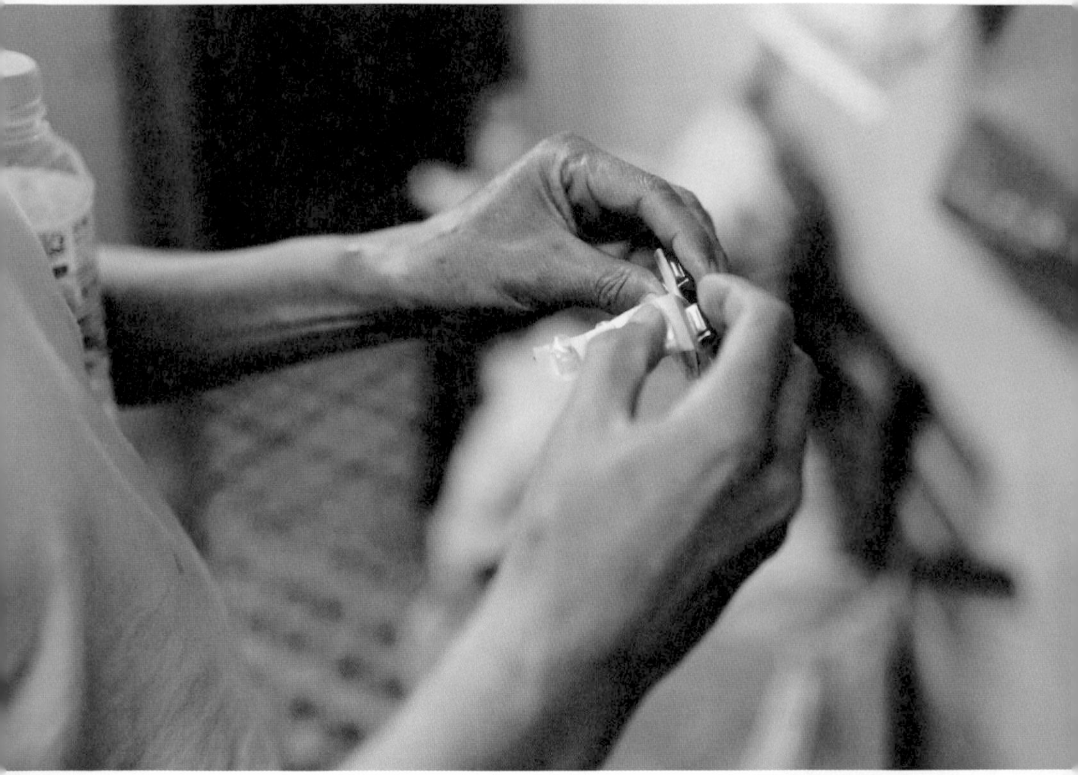

如同營造建築相關工作一樣，一直以來都位居職災傷亡比例及總數的榜首。更令人感到哀傷的是，大多數師傅早已經知道自己身上的病痛，只是毫無預防的可能，雖然所有職業都可能過度操勞身體，例如：坐辦公室的少有時間站起來走動、休息，但是工地勞工可能是彎腰或蹲著，同樣是超時工作，工地的勞工可能還同時淋雨。

阿翔師傅的病是骨刺，這在工地並不稀奇，但是最為難治。每個師傅在工地現場的病痛多有雷同，但各人的求醫方式完全不同。

另一位阿中師傅也曾因骨刺，痛到有半年都無法工作。他說在發作時，尾椎上方會有一陣痠麻纏繞住腰間——就像是按摩的時候，穴位被壓住的感覺。這時，整個人只能稍稍駝背，彎著腰，才能避免「咁哪電到」的電流往右腳竄下，到那時候整個膝蓋會失去支撐的力道而跪下，整個人只能把嘴巴張開來，用手撐住腳，勉力地忍受全身冒著冷汗直打顫。

痛到了這個地步，所有師傅都會勸你最好快點去診所打一針「止痛的」，公定價五百元。這幾乎是所有師傅的第一解答。但是這次在阿翔師傅身上沒了效果，於是他也和其他師傅一樣，開始了漫長的求醫之路。

每個師傅都把自己的好用偏方推薦給阿翔師傅。阿中師傅的藥方是將「牛膝草」熬煮後服下。這是一種我搞不懂的藥草，但他和妻子在工地看見時，總是如獲至寶地收割到車上。熬成藥的牛膝草茶難喝至極，卻是阿中師傅最倚重的良方，不管再難喝都要吞下去，以免於骨刺之苦。聽到同伴有病，他大方地分享了一罐「治骨刺神奇藥草飲」一同分享，但同樣的藥方對阿翔師傅毫無作用。

穿著護腰的林家夫婦也長期受腰部骨刺所苦。他們多次看了骨科，說是骨刺有一整排，不但都椎間盤突出，還有倒鉤型骨刺，開刀也不見得會好。他們的選擇是定期前往復健科做電療，拉脖子。林大哥堅持這種事情要交給專業的骨科醫師，或者前往合格中醫或復健科門診診治，其他師傅卻不以為然。阿翔師傅也說他看復健科有五、六年了，每次都只是拿止痛藥和做電療，對於每天得提起二、三十公斤鋼管的他來說，遠水救不了近火。

阿翔師傅的妻子則是向一位「先覺」拿到一種叫「黑面馬」的草藥，加上「左手香」後，剁碎敷在腰上，居然真的有用。敷藥的隔天會起水泡，不過，骨刺的疼痛確實消失了，而且可以正常過日子，只是這藥不能每天敷，皮膚受不了。他們說這是以毒攻毒的方式，從引毒、逼毒到解毒，有一套獨特的過程。敷上的部位會起水泡、變紅腫，但只要水泡退去，也就真的不痛了。

然而這個方法，阿翔師傅用半年便失效了，提供免費藥方給他們的「先覺」說是「沒了緣分」。

不再敷「黑面馬」之後，阿翔師傅的身體回到原狀，只要一上工，全身就會刺痛難耐。像這種無助於工作的偏方，對師傅們來說就等於沒有用，大家都說起這種「黑面馬」是毒草，只會造成皮膚潰爛。

師傅們貢獻出的藥方各不相同，而且對不同的人不見得有用。醫學對疾病都有一定的研判依據，如果一種病痛要醫治得當，回診追蹤、做檢查以及與醫師的討論，絕對不能中斷。但是，問題也就在這裡，醫囑所提的，師傅們很難做得到，加上一次一次的回診，就是一筆又一筆的金錢開銷。

整整痛了半年，試過各種藥方都無效後，阿翔師傅最後去做了雷射骨刺手術。他的夥伴老何師傅的爸爸幾年前也是在林口的同一家醫院開刀，手術不能用健保，一次的診治費用要三萬元。

開刀前，阿翔師傅連拿起二十公升的油桶都因為要彎腰而無力，甚至爬不上貨車——幾位師傅最後就是用所謂的「貨車理論」說服他，說這種錢省不得，對待自己的身體要像對待老貨車一樣，知道有問題就要保養，該換的零件也得換掉。手術結束後，他健步如飛，幾天後就兩手各拿著一個滅火器，在我面前晃來晃去。

這些師傅對於所有的門路都說得不清不楚，比如一劑五百元的止痛針成分究竟為何，我和他們一樣都看不懂藥品英文，也未曾在施打前注意。而藥草偏方對於每個人的體質所起的效果不同，既有不同效用，也有不同風險。傳統中醫需要長時間的調養、進補，勞工師傅卻極難做到養生之道。骨科、復健科則需要追蹤就醫、照電光等，用上長時間來改善身體，然而以高強度勞動者的身體來說，復健很難有明顯成效。

傳統產業的勞工是以自己的身體當本錢，也就是所謂的吃苦、愛拚。但人命有貴賤，有些工作容易被取代，並且毫無社會保障可言，我們的文化習慣了勞工的工作可以被

廉價人力替代，愈發使得勞工賺不到錢。

阿翔師傅總是說如果他退休，可能那些牛啊馬啊的藥草會有效。但他勞動三十年的退休金不到八十萬，領了之後大概只夠維繫生活不到五年。六十二歲的他在開完刀後說要繼續工作，賺回雷射手術的治療費用，還笑著說要賺足下一次，也就是三年後的雷射費用。

另外幾個師傅也都抱持同樣的態度。有一次，工地大嫂邊幫我抹藥膏，邊說我的高低肩和她的小叔一樣，十年內，這種高低肩壓迫脊椎，會對我造成永久傷害。他們倒是認命，而這樣的認命習慣也延續了一代又一代。從事這些工作的待遇不受保障，老師傅們的身體環繞著病痛，年輕勞工踏入職場時也就等於帶著詛咒，無論維士比的廣告節奏多輕快，身體的勞累以及長期積累下來的骨刺、五十肩、韌帶拉傷、習慣性脫臼或是組織炎等病痛，都會逐漸發生。

在這樣的情況下拚搏，一旦認命，反而令人有種悲壯感。社會對於勞工的工作環境認識得太少，幾乎沒有承認過工地的烈日會熱傷人，從二〇一〇年到二〇一七年，在工地裡發生中暑及熱衰竭的工安事件只有十二件，而其中五件的結果是死亡。我身邊沒有一個師傅認為晒到中暑是職災。對他們而言，慢性的身體損耗，是他們早已從師父、叔伯輩的身上看過的未來。

在工地待久了，我也逐漸得知自己身上有哪些病痛：進入工廠做體檢時，發現自己和林師傅一樣有高血壓、高血脂；趙師傅幫我刮痧時，注意到我們同樣在腰椎位置長了骨刺；廖大嫂幫我抹上燙傷的油膏時，我才第一次聽過「高低肩」。我和師傅們一樣，年歲漸長，身體漸差，明知毛病一堆，但也就像對待我們的貨車一樣將就著用，只要還沒有壞到不行，就先省著點——抹一點油膏，上幾片貼布，偶爾在領了工資後，去找推拿師、整復師抓一抓。

當然，沒錢也就只能忍耐。緩慢的病痛終究不會一次致命，艱困的環境能看出令人感到啞然的韌性。就像是晒到一定程度的皮膚，又硬又厚，對於冷熱的感受都模糊了起來，又像是悶在雨鞋內的雙腳，就算會癢、會腫，只要還能忍耐就都可以行走。

每次與師傅們聊起他們身上的病痛，總聽他們在說到一定的程度後，透出無奈。「要

好好照顧身體」這類的話，說起來像是要他們更加努力地照料自己，可是工程進度是我在要求，一旦被上面逼急了，我也會抓狂。他們反倒體諒我，總會答說：「林欸，咱知影你關心咱，足感心。問題知影馬無效，日子總細愛渡。」「袂做欸時陣駕來打算。」「啊這死死欸卡快活！」或者說：「有啦，我們有想辦法看醫生啦！」

中午，他們去買便當的同時，還買了普拿疼加強錠和斯斯膠囊回來。醫生看了沒用後鮮少回診，成藥倒是便宜好用，甚至自己亂七八糟地搭配當成偏方。明知道這樣不好，身體只會繼續變差，但是，身而為工，只能繼續。

我想起阿翔師傅說的，他準備先賺足下一次動雷射骨刺手術的錢。

我也應該認命，身而為工，人窮命賤。

鬼故事

圍籬被塗鴉的年輕人噴上了「鬼島」二字。社區的總幹事告訴我各種管理警衛的訣竅，比如：「日班效率靠巡檢，夜班提神騙鬧鬼。」在這個空屋比人多的社區裡面巡邏並不容易，各種鬼故事得以免費提神，最棒的是人們又怕又愛聽。

其實，這個區域不需要鬼故事就已經很可怕了。沿河堤而建的公共設施旁，草長得比我還高，隨便一點風吹草動都能把人嚇出一身冷汗。恐懼本身就是恐懼，任何的理由都只是解釋而已，和這裡飆漲的房價一樣。

建商接二連三地在這個本來沒有人出入的地方蓋起大樓，到現在，各種噱頭花招用盡了，卻還是沒有銷售業績——不是房子不好，而是沒人買得起，這裡的房子已不是買來住，而是買來賣，經過炒房包裝成為投資品後，誰也買不起。

這裡新蓋的大樓多數是十三樓，因為超過十三層的建案需要做環境評估，可是房子要快點賣出，可等不及這個。

大樓通過點交後，在夜晚僅靠公設樓梯間的照明撐起畫面，事實是幾乎沒有燈光從廳房中透出，說是已經賣出的房子卻看不到任何人流。一樓有房仲業者長年在門口擺上的「金店面」宣傳牌，一年、兩年……始終閒置；對街也有塊「金店面」牌子。一樓原先設計為商店街，如今能開設的店面卻永遠只有房仲。

我覺得一個地區的基礎繁榮程度，可以看早餐店、便當店以及便利商店，以這個標準來看，這裡明顯不及格。照理說，一整棟大樓應該可以養活一家早餐店，這個社區造鎮已經許久，應該有各種中、西式的早、午餐，卻只有一家早餐店不停在包三明治賣給我們這些工程人員。另一家店則是檳榔攤，還很明顯做的是工地生意，包括代訂便當、煮泡麵，以及賣結冰水、茶葉蛋、十八王公粽之類的標準服務套餐。

人們說台灣的新市鎮應該起不來了，不要再相信什麼建設或是商場，都一樣的。

我出生那年，政府劃定了林口重劃區，最早喊出要容納二十五萬人，到我三十二歲時，林口的人口約略是十萬，這還是因為當地推出了大量的小坪數建案。

另一些位於市郊的重劃區在人口逐漸老化下，看起來更難成長，不過也好在還沒人入住，因為這些重劃區未來可見的問題，如今已先浮現。以我所在的這片重劃區來說，

順著街道是通往距此幾公里外的老城區，那裡的房子只有四層樓，雙向四線道的馬路邊有各種違停車輛擋道，即使利用高中建了地下停車場也無法紓解車流，常常堵車。而這片區域在重劃的時候，路能多窄便劃多窄，地有多寬就挖多寬，高樓大廈地下都有著超大停車場。我們都說如果每棟大廈有地下四層，以後都住滿了人，每層樓都會有百餘台車，再加上社區巴士，遇到上班時間，交通準要癱瘓了。光靠一條街，哪有可能紓解車流？

我們知道，建商知道，政府官員知道，買房子的人也知道：沒有人入住，這些重劃區根本生不出生活機能。然而，包裝過度推出的建案絲毫引不起人們來購買，曾有一度所謂的「鮭魚洄流」，看來卻只是回頭炒房而已，代價是再也沒有針對實際在台灣工作的人推出的建案。

房價飆漲的速度太快，賣房子的人將交通、學區等各項機能都說完以後，最能吸引人的還是吹噓未來。而當買房只為了投資，所有人像是吸毒一樣，上癮卻不自知地重複進行炒作，忘記了吸毒的後果。

我的包商師傅們感嘆，從這些工地已經看得出階級差異了。過去他們是幫人蓋房子住，現在是為人建炒地用的無人套房。代銷公司的展示屋內有各種招待噱頭，設施爭奇門豔，施工者的收入卻是數十年不漲，房子愈蓋愈貴的時候，自己卻愈來愈窮。

重劃區的土地多數由國家強制或半強制地徵收，有些原本在該區域營業的老舊車廠或工廠被驅離，新劃分成的完整土地再分由不同的建商開發，有時候一次有數十件建案同時開動，有時只有零星幾件，但是大部分的情況，購地的建商習慣一次次緩步開發，吸引更多工班持續跟進，或是藉以拖延付款時間，因為只要還有建案在做，主導的開發商就能要求包商將開出的票款拉長票期。

已蓋好的空屋連給施工人員作為租屋都不行，商品和人一樣有定位，炒作出來的投資願景容不下真實生存的人。只不過，投資者並沒有真心打算入住，也就沒有認真在管理，都市的年輕人看不到未來，在地的老人遲早也會忘記原本的街景。

至於建屋的施工者則住在更遠的地方，每月房租六千元的路邊雅房。

●

很久很久以後我才發現，我和師傅們聊的內容在報紙上是看不到的：大部分的人不知道貨櫃屋可以住人，檳榔攤也可能在後方有床，有地方供臨時梳洗。我們所說的像是鄉野奇談。

出社會的十年間，我剛好見證了房子漲價的速度，回頭看著基層勞工的收入而感到羞辱。十年之內，已經逐漸看不到合理的房價，各地區的新建案只為了投資者而做：大坪數、大噱頭和大設計。我們聽的不再是拚經濟，而是在說：開海洋世界的建商要用遊樂券抵作工資，開餐廳的建商逼迫包商將尾款換成訂桌數……這些鬼話我們用來比慘，串成了一部人間鬼故事。

多年前，身邊的包商頭兒還說著「明天會更好」，現在不再說了。數十年沒有漲的工資，使工地現場的勞動者逐漸老化，偶有一、兩個年輕人來也未必能久待。重劃區內還有獨特的廂型車，老車裝上新窗簾，或者窗戶貼上反光的黑色隔熱紙，載著一個一個無證移工來去——原先的老工人身體耗損，長年壓低的待遇難有積蓄，面對能忍受更惡劣待遇的移工，老師傅只能逐漸遠出工地。他們笑著告訴我，最後的人生目標就是火車站，「但我應該不會跳軌啦！」國家對年輕人不好，對這些老人更糟。我只能回應不搭嘎的含糊鬼話，因為現實太過殘酷，所有對老師傅人生的疑問都是質疑和羞辱。

偶有一、兩個朋友因為家中資助而買了重劃區的房子，也成為不被理解的一群，有房者的房貸壓力很難在這個時代找到他人同理，當我們說著「終身不買房」或是「房價高漲」時，他們總沉默著。高漲的房價不只讓無法購買者感到羞辱，也讓已買房者感到負擔。一位剛買了房的朋友跟我們一樣說著「鬼島」，心裡卻祈禱房價不要真的下跌。

那次我去作客，當朋友交代警衛請我把車停在地下室時，管理員告訴我，那一整排的車位可以隨便停，我才真的發現自己所學的工程技術已成為房價起漲的一環。我以此為生，為此牟利，卻也驚覺自己過得並沒有比較好。

我想起了每年都會有的房地產相關書籍以及各種東南亞炒房須知。

我活在鬼故事裡。

他們原本不會死

我到現在才知道他們原本不會死，但我說不出口。

跨年前夕的桃園和我上次來時不一樣。這段期間，火車站這一帶所有的越南商店和餐廳，不約而同地擺出了募款箱，有的箱面上印有彩色照片，有的是純粹手寫標語。走過一家又一家，看到人像照片上都寫著數字「6」，背景是一片火光，但我不曉得該如何問店家，只能默默記下。我知道這裡的店家專做越南人的生意，跟我不熟悉，多半不會願意回答我的問題。我只從一位熟識的印尼裔老闆口中聽說，似乎是募款。

他們在台灣連募款都要小心，這是異鄉人的潛規則，在他人的土地上，無論說什麼都可能矮上一截。像是同樣工作，薪資卻明顯低於台灣的勞工。台灣人向來輕賤勞動者，尤其是東南亞裔的勞動者，所以來這裡需要處處小心。

確實該小心，桃園蘆竹大火是在二〇一七年十二月十四日發生的，燒死了六個人，全部都是越南籍的移工。他們不是特例，一個月前，在十一月二十二日，中和的興南路也燒死了一群移工，共九人無法辨識身分，新北市政府也無能為力。兩場大火奪去多條人命，尤其是移工的命。

我知道那些起火的房子。除去兩場接連發生的火災，同年十二月五日在台北市八德路四段的大火，以及四月七日的南機場社區大火，都是可以預見的問題。發生火災的這些房子全數老舊，

房東大量隔間給弱勢族群棲身收租。中國所謂的低端人口，在台灣一樣存在，只是台灣政府連名字也沒有給。

政府沒有驅離，自然也沒有保護或是重視，強者可以爭取國家扶植補貼，弱者則交由自由市場。我所有的專業技能在那些房屋裡幾乎派不上用場，只能哀嘆，因為那些電工知識只能用在「正常的」居家環境。我看過這種木板隔間：房東通常沒有維護電力系統，電箱也沒有整理配電盤；每個房間可能只拉了一條白扁線，同時用作開關、插座、燈具和風扇的電源，但這種電線不適合長時間使用。法規在這裡沒有用，工程專業也沒用，我很清楚，這樣的環境遲早會過熱並跳電。可是光是清楚有何用呢？說出正解以後，每天我的工資要兩千，還有電線要錢，電力系統也要錢。如果可以住在有獨立電表且有冷氣的房間，誰又會願意住在這裡呢？

答案是：沒有選擇的人。

●

走在桃園街頭，我詢問身邊的越南裔新住民後得知，這些募款箱是為了募集那六名移工的家人們來台的費用，過世移工的照片就印在募款箱上。箱子有不少種，由各地的越裔團體分別管理，新住民的、看護工的和廠工的都有。但他們對此很低調，因為他們害怕自發性的募款會遭到市政府刁難。有一位店員加入談話，說：「台灣的法規很複雜，就算是好事也要小心。」

我對於台灣的公務員並沒有好感，但不認為真會有人刁難這種自發性的募款。一來，這樣的災害募款在台灣不算少，民間自發性的救急金根本不可能真有募款字號。二來，因為台灣的公務員本身就愛募款，學校老師為清貧孩子的募款或一般公部門為社區弱勢的募款，常常在進行著。此外在台灣，軍、公、教人員做善事也最喜歡透過募款的方式。我想這又是一個謠言，反映的是異鄉人在台灣對於公權力的惶恐與不安，以前我習慣從攤商和勞工口中聽見這樣的言論，如今則透過新移民及移工之眼，認識了一般人沒見過的公務員。

法規確實很複雜，越南人之間謠傳著：「政府說，錢要分很多筆來給。」對此，我難以解釋「賠償金」、「勞保金」、「職災撫卹」以及「保險」的不同。

六人死在宿舍裡，其中兩人相擁著死亡。他們的家屬沒想過自己的丈夫、兒子會住在這種地方，這樣地死去。

越南姑娘們的討論變得激烈，話題圍繞著移工的生活環境到底有多惡劣，隔間只有一片薄木板，完全把移工當作搖錢樹在管理，怕他們逃走。

她們看著我，問：「有沒有老師能告訴我們該怎麼辦？」她們希望我可以說出台灣政

府有所作為或是有在改善，告訴她們台灣依舊有學者、專家懂得法規，並且知道該怎麼辦。但在那處既無視法規，也沒有任何安全的地方，我的專業能力一點用也沒有。我沒有話可以說，我沒有任何藉口可以辯駁。

其實台灣人曾經為外籍移工爭取過權益，那是二〇〇五年的高雄捷運泰勞弊案。當年還被稱為「泰勞」的泰國移工們住在極惡劣的環境中，仲介公司掌管著他們一切的生活及消費，這種狀態引發全國譁然，高官紛紛因此下台，我知道台灣人不是沒有關注過移工待遇，但關注的方式如同曇花一現，隨著政黨輪替而消逝。

台灣人不是不知道，也不是沒有努力爭取過。當年，勞動部因為泰勞的惡劣待遇而被全國唾罵，二〇〇八年一月三日修改了《雇主聘僱外國人許可及管理辦法》中的二十七之一條，其中第一項須詳實登載及提供「供外國人住宿建築物合法證明文件」。勞動部的官員還在政黨輪替的前一個月，於四月十四日發文以最速件解釋居住房舍應該有詳實的規劃與防火等內容。

然而，這項法令只維持不到一年，政黨輪替那年的十二月二十四日，法條就被改去，再也沒有對提供「供外國人住宿建築物合法證明文件」的要求，雇主再沒有責任了。

法律悄悄地被改去後，原先是雇主必須主動出示合法的居住文件，現在成了建管部門和消防單位的責任。而移工的主管機關是勞政單位，不懂建物結構和消防法規，他們也不可能有足夠經費和人力可以全盤理解。

於是，移工一個一個死亡；於是一次一次地，我們驚訝於他們居住空間的擁擠，因令人哀悼的死亡人數感到駭然，但沒有辦法改變。當雇主不再有責任，當法規悄悄地被抹去，無人察覺，無人聞問。

當時的官員不可能不懂，不可能不知道，多花一些時間卻保障了一個人的居住空間。

我看著找到的資料，那時候的學者們真是緊盯著政府，而官員們修改那條法律是真心要改善移工的居住處境。有了那一條法規，工廠雇主必須準備好「安全的」宿舍供移工居住，這可以證明台灣人曾經有良知，曾經努力過，法律曾經有保障過。

但只是曾經。

我不熟悉政治，更不懂法律，但如果連我這樣的勞工都看得出這些問題，那麼，學者們到哪裡去了？

幾個越南姑娘的手機裡，存著桃園宿舍大火發生時的臉書直播截圖；朋友傳來移工的家屬們落淚哭倒的畫面……那些死去的移工，他們住的違建宿舍一個月房租五千元。

我無話可說，只能看著陌生的文件和法條落淚，也清楚這樣並沒有用。一條法令的修惡，累積至今已是數十條人命。學者沒有聲音，官員沒有反應，為了我不知道的原因，我們用活人獻祭。

我做不了任何事，只能回去火車站那裡，將錢投入箱子中，並且祈禱這樣的募款不會被當局找麻煩，只希望自己投下去的這點錢能到家屬手裡。新移民姊妹們不相信官員，我卻不知道如何開口解釋這一段曾經有過的法條，又該如何告訴她們移工的居住安全，不到一年就被悄悄自檯面上撤下。勞動法規不是第一天修惡，也絕對不是第一次修惡，所有的勞工局處對此都無能為力，只能眼睜睜地看著一個一個的募款箱出現，並且不去檢舉，如此而已。

我懂得愈多，愈無力而憂傷，這些知識在為惡的法律面前，無疑蚍蜉撼樹。

星期天是移工遊行，我不知道該不該去，畢竟我無法開口。我無法告訴為聲援死去夥伴而參與遊行的那些移工們：「他們原本不會死。」

後記——

如此人生

我的人生記憶應該是從國小開始，記得那時候常搬家，或者睡在工廠內，在最早的印象之中，有大型印刷機台和各種設備堆砌。那時候的印刷師傅每個月有五、六萬薪資，我父母後來也借錢開設了小小的印刷廠，但我對工廠的印象不深，當時流行把孩子送到安親班，晚上再去接回，有時候會讓孩子在廠內過夜。

師傅們會去檳榔攤賒帳買藥酒，那時候，無論在家或者在工廠都流行保力達B加米酒。但那種藥酒是不給小孩喝的，小孩偶爾拿筷子沾一下，會引來工廠內其他女生的白眼。小孩另外有一罐沙士。我就喝著沙士，在一旁聽大人們喝保力達B時的吆喝和豪爽，也聽著公部門的刁難和警察的傲慢。

在我的記憶中，景氣總是愈來愈差，我身邊的人狀況也是愈來愈糟。

差不多在我小學高年級時，印刷製版業已經無法與大環境競爭，基層工作者是不會有什麼保障的，於是我父母在夜市找了個店面，開始擺攤。那時候流行玉石、水晶，就是在一個一個圓盤上有著會轉動的水晶球，有的水晶球擺成陣形，有些則是髮晶或者其他水晶。當店面難以經營後，我的母親就開始到處租攤位，擺起珊瑚、翡翠、白玉和其他飾品。

夜市裡有其他攤商，從遠處批來各種玩具、細軟、擺飾或者家庭五金，我還記得那時候在中和，旁邊有一個攤商賣的是生魚片，從萬大路批發而來。我開始從身邊的交易中記下一些關鍵字詞，這些對話比起任何課文都更吸引我：「一命二運三風水，石來運轉招權貴」，「夏天外用泰國藥，冬天內服日本藥」，「征露丸要買喇叭牌，行軍散要買五塔標」，還有「夏賣剉冰冬宰鴨」。

我喜歡在市場裡閒逛，孩子的眼睛總能騙來一點試吃、試玩的：我在攤位前面，看煎牛排的人如何控制鐵盤的高溫；賣衣服的阿姨拿著木尺、布尺和熨斗在調整衣褲；那時候流行泡沫紅茶，穿著小洋裝的娃娃上下搖晃出更香醇的飲料；剪檳榔的人會在手指戴上小塑膠套。

勞動和技藝本身就有魅力和價值，反而是在學校的我如同廢物，幾乎沒有任何貢獻或者勞動。我無法理解：只會讀書的人，為什麼反而最被鼓勵？我問了身邊的長輩、教會裡的人，他們給的答案是：「會讀書就可以不用這麼辛苦。」而同時間我發現課本內沒有我要的東西，後來在教室裡便再也坐不住。

那時候的我尚未「社會化」。我完全不想升學，畢竟身邊那些擁有能力提供生活所需的人和技藝，根本不在課本上——我爸媽沒有，他們的爸媽也沒有。爸媽只希望我「至少讀得比他們高」，看是考高職或高中都好，甚至因為教會有勸人讀書的風氣，而更加鼓勵我去教會。最後我因為老師說「讀五專很划算，考一次讀五年」、「大專生找工作比較容易」等原因，而選擇升學。

我會成為監工，是因為放榜時只有土木系可以讀。在學校生活中，我並沒有想過要成為土木技師或者其他設計師，因為成績始終沒有起色，學校所教的課程內容對我也毫無吸引力。

當時見家裡在市場的生意愈來愈差，我開始尋找各種領基本薪資的打工機會：裝電腦、燉牛肉、烤麵包、賣月餅和佛跳牆等。有一度我聽了老師的話，去圖書館看各種周刊和財經雜誌，可看的愈多以後，愈覺得離我很遙遠。私立科大的學生都隱約知道自己的身分和地位：那些成功與機會並不屬於我，那些優秀企業，我大概也進不去。

那時，我看漫畫、讀小說。長時間待在教會的效用出現了，我發現自己讀得下極為厚重的書籍，並發覺自己的讀書品味獨特，愛恨鮮明，更有意思的是：這些作家也一樣。

放棄學業的好處在於，你可以不被迫地接受套裝課本的解釋，也可以自己選擇讀物，這時候，各種書反倒都有意思了起來。流行的小說一下就讀完了，我接著去找黃春明、王禎和、鍾理和等人的作品讀起來，最後讀到了霍桑、托爾斯泰和雨果。我一點也不認為那個時候自己是什麼有意識地閱讀。我沒有受過文學訓練，只是偏食地多喜歡托爾斯泰、杜斯妥也夫斯基和果戈里一點。

等我畢業以後，和當年不知道為什麼要讀書一樣，我不知道要做什麼，只是認為自己亂七八糟地讀了七年土木工程，應該去工地看看，可是當我到了工地以後，卻發現自己幾乎管不動。

幾次跟著工地師傅前往不知道要做多久的工地時，我保持了繼續看厚重書籍的習慣，倒不是因為托爾斯泰和雨果吸引人，而是帶這樣一本可以看兩次還有餘韻，也不會被人借走不還。面對全都不懂的工具、設備名稱和材料，以及人生閱歷、專業能力都比我強的包商，而我幾乎只能被牽著鼻子走的日子裡，我深深喜歡上了這些文字。

等到我回過頭來發現自己可以管理工地，每天都在吵架的同時，也解決問題時，我已經二十七歲了。我開始將讀過的故事加上動作後，添油加醋地講給師傅們聽，也學會了用各種學來、聽來的方法說話，吸引他人注意。我開始說故事，內容通常是：一天工作如何，或者這個工作如何，並且視故事內容調整一下從什麼時間點切入，用誰的立場說，大家比較聽得下去。在外地工作的漫長時光，我們靠這種方法度日，以這種方法讓工作順利進行，也用這種方式緩解衝突。我的存在感變得強烈而討喜。

「立青」是個筆名，這是過去用在夜晚上線聊天以及網路遊戲的暱稱。

自打工時代開始，我將混亂的思緒藉由文字爬梳整理，記錄成為文字。從起初的

「無名小站」，到後來各種部落格，最後又轉到臉書上。在二〇一六年底，我母親的手腕開刀，我便開始在臉書上寫長篇文字，因為我覺得大多數人不理解工地，就像我也不理解選舉一樣。

我的想法很簡單：我寫清楚一點，讓你們看得懂。

在網路上，我用在工地說話的方式，告訴大家「為什麼有結冰水」：因為結冰水便宜，勞工消費得起，又能夠讓冰桶保冰，結冰水罐外包上毛巾後，凝結的水珠能讓毛巾變濕，擦汗又解熱，而且對於檳榔攤而言，這樣的商品利潤很好。接著我開始寫工地裡的人、工地周遭的人……

慢慢地，我發現這樣的方式很有用，當細節愈多時，人們愈能理解「另一個世界」的人在做什麼，也愈能夠彼此理解，進而同理對方。

在網路上，我就像是市場內的魚販一樣，發現大家不清楚我攤位上的各種魚貨，為了讓大家理解，於是我說得更清楚一點，聊起自己在港口和捕魚人對話的故事，描述台灣的洋流或者船長捕魚的季節，分析魚貨的進價以及不同部位的料理方式。

我告訴身邊的人：「這些才是每天從基隆漁港現撈的，你們喜歡的鮭魚大多數是進口啦！」「現在這個產季有大量的小管以及中卷。這些軟絲大部分都是從宜蘭來的。」「大雪和小雪的時候就可以捕烏魚子了。農民曆上應該改成『大烏』、『小烏』才對。」當我的讀者懂了這些細節和思維以後，會笑，會開心地討論起自己的看法。

真實的主觀，激起了真實的回覆。

我沒有想過我會變成作家。

當亞君姊問我有沒有興趣出書時，我的腦海裡出現了一個畫面：我在教會裡和小朋友們說故事，說著說著，拿出一本自己寫的書告訴他們：「叔叔有出過書喲，在工地也能當作家。」我想著或許有孩子願意聽我說故事，就像我當年在圖書館裡翻到的那些作家一樣。

第一本書寫完以後，我的生活起了重大改變：我是第一個在工地說故事而出書的人，身邊的師傅們向我慶賀，對我的態度也有了改變——他們希望我多寫一點，主要的意見在：「為什麼你不寫我？」等到在電視和雜誌上看到關於我的報導，就要我快點去尋找好的未來，對我說：「別待在工地。」叫我快點去找新的工作，當顧問或者讀研究所，出國念書。

師傅們現在不是要我說故事，他們對我有說不完的故事，要我聽完以後，再說給他們聽。我們邊說故事邊喝酒，任何的哀傷、難受或者尷尬，都可以在喝一杯以後繼續說下去，於是就有了第二本書。

說故事的時候，他們很開心，我則是因為他們開心而繼續說下去，即使我不知道未來自己究竟要做什麼。

我只能確定我還會繼續說故事，繼續寫下去。

國家圖書館預行編目資料

如此人生／林立青著. --初版. --臺北市：寶瓶文化, 2018.07
面； 公分. --(Vision；162)
ISBN 978-986-406-128-0(平裝)
1.勞動階級 2.勞工 3.文集

546.1707 107011053

Vision 162

如此人生

作者／林立青　　攝影／賴小路

發行人／張寶琴
社長兼總編輯／朱亞君
副總編輯／張純玲
資深編輯／丁慧瑋　編輯／林婕伃
美術主編／林慧雯
校對／丁慧瑋・陳佩伶・劉素芬・林立青
營銷部主任／林歆婕　業務專員／林裕翔　企劃專員／李祉萱
財務主任／歐素琪
出版者／寶瓶文化事業股份有限公司
地址／台北市110信義區基隆路一段180號8樓
電話／(02)27494988　傳真／(02)27495072
郵政劃撥／19446403　寶瓶文化事業股份有限公司
印刷廠／世和印製企業有限公司
總經銷／大和書報圖書股份有限公司　電話／(02)89902588
地址／新北市五股工業區五工五路2號　傳真／(02)22997900
E-mail／aquarius@udngroup.com

著作完成日期／二〇一八年四月
初版一刷日期／二〇一八年七月二十四日
初版十七刷日期／二〇二〇年七月七日
ISBN／978-986-406-128-0
定價／三五〇元